被忽视的孩子
如何克服童年的情感忽视

RUNNING ON
EMPTY
Overcome Your Childhood Emotional Neglect

[美] 乔尼丝·韦布 著
Jonice Webb
克里斯蒂娜·穆塞洛
Christine Musello

王诗溢 李沁芸 译

机械工业出版社
China Machine Press

图书在版编目（CIP）数据

被忽视的孩子：如何克服童年的情感忽视 /（美）乔尼丝·韦布（Jonice Webb），（美）克里斯蒂娜·穆塞洛（Christine Musello）著；王诗溢，李沁芸译 . —北京：机械工业出版社，2018.9（2023.4 重印）

书名原文：Running on Empty: Overcome Your Childhood Emotional Neglect

ISBN 978-7-111-60897-4

I. 被… II. ①乔… ②克… ③王… ④李… III. 儿童教育–家庭教育 IV. G782

中国版本图书馆 CIP 数据核字（2018）第 208944 号

北京市版权局著作权合同登记 图字：01-2018-2892 号。

Jonice Webb, Christine Musello. Running on Empty: Overcome Your Childhood Emotional Neglect.

Copyright © 2014 by Jonice Webb, PhD.

Simplified Chinese Translation Copyright © 2018 by China Machine Press.

Simplified Chinese translation rights arranged with Jonice Webb through Andrew Nurnberg Associates International Ltd. This edition is authorized for sale in the Chinese mainland (excluding Hong Kong SAR, Macao SAR and Taiwan).

No part of this book may be reproduced or transmitted in any form or by any means, electronic or mechanical, including photocopying, recording or any information storage and retrieval system, without permission, in writing, from the publisher. All rights reserved.

本书中文简体字版由 Jonice Webb 通过 Andrew Nurnberg Associates International Ltd. 授权机械工业出版社在中国大陆地区（不包括香港、澳门特别行政区及台湾地区）独家出版发行。未经出版者书面许可，不得以任何方式抄袭、复制或节录本书中的任何部分。

被忽视的孩子：如何克服童年的情感忽视

出版发行：机械工业出版社（北京市西城区百万庄大街 22 号　邮政编码：100037）

责任编辑：姜　帆

责任校对：殷　虹

印　　刷：保定市中画美凯印刷有限公司

版　　次：2023 年 4 月第 1 版第 12 次印刷

开　　本：147mm×210mm　1/32

印　　张：8.75

书　　号：ISBN 978-7-111-60897-4

定　　价：59.00 元

客服电话：（010）88361066　68326294

版权所有·侵权必究
封底无防伪标均为盗版

前言

致谢

引言

第一部分　奔跑在荒漠之中

第 1 章　情感的"桶"为什么装不满 /2

　　传统健康父母的行为　/5

第 2 章　造成情感忽视的 12 种类型的父母　/14

　　类型 1：自恋型父母　/15
　　类型 2：专制型父母　/21
　　类型 3：放纵型父母　/28
　　类型 4：离异 / 丧偶型父母　/34
　　类型 5：成瘾型父母　/40
　　类型 6：抑郁型父母　/47
　　类型 7：工作狂父母　/51

类型 8：照顾伤病家属的父母 /56
类型 9：成就 / 完美导向型父母 /61
类型 10：反社会型父母 /66
类型 11：孩子即父母 /74
类型 12："都是为你好"型父母 /77

第二部分　燃料耗尽

第 3 章　被忽视的孩子，长大了 /82

1. 空虚感 /85
2. 反依赖 /90
3. 不切实际的自我评价 /93
4. 对自己毫无同情，对他人满怀同情 /98
5. 负罪感和羞耻感：我到底怎么了 /101
6. 对自己生气、自责 /104
7. 感到自己有致命缺陷（如果人们真的了解我，他们不会喜欢我）/106
8. 难以关爱自己和他人 /109
9. 自我约束能力差 /112
10. 述情障碍 /116

第 4 章　认知秘密：自杀倾向的特殊问题 /122

第三部分　重拾动力

第 5 章　改变是如何发生的 /136

阻碍成功改变的因素 /137

第 6 章　情绪的重要性及如何对待情绪 /140

1. 了解情绪的目的和价值 /141

2. 识别及命名你的感觉 /143
3. 学习监控自己的感觉 /144
4. 接受并信任你的感觉 /148
5. 学习有效地表达你的感觉 /150
6. 认识、理解和重视人际关系中的情绪 /153

第 7 章　自我关怀 /161

自我关怀第一部分：学习关爱自己 /163
自我关怀第二部分：提高自我约束能力 /190
自我关怀第三部分：自我安慰 /194
自我关怀第四部分：同情自己 /199

第 8 章　终结恶性循环：让孩子拥有你所缺失的东西 /205

1. 为人父母的负罪感 /207
2. 你已做出的改变 /208
3. 识别出你身为父母所面临的特定挑战 /209

第 9 章　给治疗师 /227

研究 /230
识别情感忽视 /234
治疗 /239
给治疗师的建议总结 /247
结语 /248

情绪词汇表 /249

参考文献 /262

前言

写这本书的过程成了我人生中最为精彩的一段经历。当情感忽视的概念在我的头脑中逐渐变得更加清晰、更加确定的同时，它不仅改变了我的执业方式，也改变了我看待世界的方式。情感忽视简直无处不在：有时是在我对待我孩子的方式中，有时是在我对待丈夫的方式中，有时是在商场中，甚至在电视节目中。我常常情不自禁地想，要是大家都能意识到这无形的力量——情感忽视对自身的影响，这一定会帮助到他们很多。

从业多年的经验让我得以认识到这个概念的重要性，不再怀疑它的价值，我终于与我的同事克里斯蒂娜·穆塞洛博士讨论了我的想法。克里斯蒂娜立刻就理解了，并在她自己的临床实践和生活中也开始注意到情感忽视，就像我一样。

我们开始着手描述和界定这种现象。穆塞洛博士在最初定义情感忽视这一概念的过程中给我提供了很大的帮助。事实上，正是因为她这么容易接纳了这个新概念，并认可了它的重要作用，才鼓励我进一步探索情感忽视。

尽管穆塞洛博士不能继续和我一起写作这本书，但她在我开始写的时候提供了很大的帮助。她贡献了这本书开篇部分的一些内容和临床案例。因此，我很愉快地感谢她的贡献。

致谢

若不是我的来访者同意分享他们的故事和咨询中所经历的痛苦，我是无法完成本书的写作的。对此，我表示由衷的感谢和尊重，深切地感激他们的信任、坦率和投入。

此外，非常感谢《纽约客》的协作，我得以引用它优秀的漫画来为本书增添幽默和趣味。

书写这本书时，我依赖于我的家人、朋友和同事渊博的学识和极大的支持。我想在此感谢这些给我动力、帮助我完成这个过程的人。

首先，我要对丹尼丝·沃尔德伦表示最深切的感谢。在写作她自己的书的同时，她还拿出了难以计量的时间阅读和编辑我的手稿。丹尼丝对细节的把关是非常重要的。她常常让我感到惊讶，她能发现很多包括语言前后不一致在内的错误，并帮助我把它们改正。

其次，我要感谢乔妮·沙夫纳、执业独立临床社工组织（LICSW）、丹尼尔·德塔拉博士和尼古拉斯·布朗给我提供的非常棒的反馈和想法，让我能把手稿改得更好；在我做复杂而困难的决定时，迈克尔·费恩斯坦提供了他非凡的商业头脑；还有我的经纪人迈克尔·埃贝尔林，他相信我的书，也信任我，并指导我通过了复杂的出版流程。

斯科特·克雷顿博士、凯瑟琳·伯格、帕特里斯和查克·阿伯纳西、大卫·霍恩斯坦和南希·菲茨杰拉德·赫克曼，他们在我需要的时候给予我帮助，或是倾听，或是关心、建议，抑或请求别人帮助，以帮助我完成这本书。

最后，我要向我的丈夫塞斯·戴维斯和我的两个孩子丽迪娅和艾萨克表示衷心的爱和感激。他们心甘情愿地让我投入很多时间进行研究和写作，永远不会让我怀疑自己。没有他们的支持和坚定的信心，我是无论如何也没有办法完成这本书的。

引言

还记得你的童年吗？或多或少，每个人都记得点点滴滴的童年往事。也许，你记得一些高兴的事，像家庭假日、老师、朋友、夏令营或者学术奖励，也有些不那么愉快的记忆，像家庭冲突、手足之争、学校里的问题，甚至一些悲伤和令人烦恼的往事。《被忽视的孩子》讲的不是上述记忆中的任何一种。事实上，它跟你的记忆，跟任何发生在你童年的事都无关。这本书会帮助你意识到童年时那些"没有发生"的事、那些你"不记得"的事。因为和任何你记得的事相比，这些"没有发生"的事对你有着同等重要甚至更深远的影响。本书会向你展现未发生之事的后果：掌控你生命的无形之力。我会帮你认清你是否被这股无形之力影响，如果是，如何克服它。

很多优秀、能力很强的人私底下总会感觉到不完满，与周围缺乏连接[一]。"我不该更开心些吗？""为什么我没有取得更多成就？""我为什么感觉生活没有意义？"这些都是"无形之力"向你提出的问题。经常有这些疑问的人大多相信他们有慈爱的父母，他们记忆中的童年也很快乐、健康。对成人后的这种"感觉不对劲"，他们只有自责。他们认识不到自己正被那些记不得的事影响着。

至此，你大概在疑惑：什么是"无形之力"？我向你保证，它不可怕，它不是超自然现象，也不是魂灵或是怪异现象。事实上，这是一个在全世界每时每刻"没有发生"在家里、"没有发生"在家人相处中的一个普遍的现象。即便如此，我们仍意识不到它的存在，也意识不到它对我们的影响。我们还未给它命名。我们不会思考它，也不会谈论它。对于这看不见摸不着的无形之力，我们只能感觉到它。当我们确实感觉到它的时候，我们还是不知道我们感觉到的是什么。

在本书中，我终于为这无形之力找到了名字——情感忽视。为了不和有形的忽视混淆，让我们先来弄清楚什么才是情感忽视。

我们都熟悉"忽视"这个词。它只是个普通的词。根据韦氏词典，"忽视"的定义是："给予很少的关注或尊重，或漠不关心；尤其是指因为粗心而不提供照料、看护。"

"忽视"是社会服务中心理健康专业人士经常用到的词汇。通常

[一] 在此指情感上与人隔绝的状态。——译者注

是指没有自主能力的儿童或老人的需求没有得到满足的情况。举例来说，像在冬天里，没有穿大衣来到学校的孩子；或是被关在家中的老人，其女儿经常忘记带给她日常用品。

纯粹的情感忽视是看不见的。它通常是非常微妙的，很少有身体上的或是可见的迹象。事实上，很多经历情感忽视的孩子确实得到了很好的照料。他们的家庭看上去非常完美。我正是为这些看似没有一点外在迹象表明他们被忽视，也不太可能被看作经历了忽视的人们写的这本书。

为什么要写这本书呢？毕竟，情感忽视这个一直未被研究者和专业人士注意到的课题，能有多重要呢？事实是，经历情感忽视的人非常痛苦。他们找不出原因，咨询师也无法治愈他们。通过写这本书，我为这个阻碍受害者甚至他们的咨询师的隐秘顽疾下了定义，也给出了建议。我的目标是帮助这些在沉默中不停地质疑自己、痛苦着的人。

对于情感忽视为什么一直被忽略，有一个很好的解释，它隐藏着。它藏在"不作为"当中，而不是"作为"当中；它是家庭照片中空白的地方，而不是照片本身。它存在于那些"没有说""看不到""记不得"的童年中，而不在"说过的"当中。

例如，父母可能为子女提供了温暖的家，让孩子丰衣足食，也从不虐待或怠慢孩子。但就是这些父母可能忽略了他们青春期的孩子正乱用毒品；或者给了孩子太多自由，仅仅因为害怕冲突而不给孩子定规矩。当这些少年成年以后，他们回头看着自己"完美"的童年，从来都不会意识到他们的父母在自己最需要的地方辜负了他们。他们会为自己少年时期做出的不良行为而自责。"我可真是很难管呢！""我的童年棒极了，现在我没有成就更多，也怪不得谁。"作为咨询师，我听过太多人这样说了。他们通常很优秀，但对情感忽视这一隐形力量在童年时期对他们的影响一无所知。这只是无数情感忽视发生的例子当中的一个。

"谨以这首歌献给我们的父母，以祈求更充分的监督。"

在此，我要郑重地声明：我们所有人都有对父母失望的地方。没有谁的父母是完美的，也没有谁的童年是完美的。我们也清楚大部分父母是竭尽全力地为子女着想的。身为父母的我们也知道,就算教育方式出了问题,我们还有机会改正错误。写这本书并不是要让父母难堪,或是让他们觉得自己是失败的父母。事实上,通过本书,你会看到很多全心全意为子女着想的父母还是会在根本问题上让孩子经受到情感忽视,而这些父母也都是挺好的人、挺不错的父母,只是他们年幼时也经历过情感忽视。所有的父母在抚养子女的过程中都或多或少有过情感忽视,但也不会造成什么真正的伤害。当孩子受到太多的、持续不断的情感忽视时,问题就很严重了。

不管父母的教养方式有多失败,经受情感忽视的人通常不会认为父母有问题,他们更多地认为自己有问题。

在本书中,我引用了很多我的来访者的故事,也有些其他人的故事。他们一直纠结在悲伤、焦虑或是生命的虚无感中。他们无法表达这些,也找不到解释。这些经受过情感忽视的人通常知道怎么去满足他人的需求。他们清楚在社交中他人对自己的期待。他们内心煎熬,无法识别并描述到底他们的内在生命体验中哪里出了错,他们又是如何受到伤害的。

这也不是说童年时期经历过情感忽视的人没有可观察到的症状。只是这些症状虽然促使他们走进咨询师的门,却经常伪装成其他的东西:抑郁、婚姻问题、焦虑、愤怒。他们把这些问题当成自己的不幸,并且对求助感到羞耻。因为他们还没学会识别他们自身真正的情感需求，咨询师也很难让他们持续咨询到他们真正理解自身的时候。这本书不仅是为经受情感忽视的人而写的，同时也为咨询师提供了一个能够帮助这类来访者的有效工具。这些来访者长久以来缺乏自我同情，这会破坏任何治疗的努力。

在《被忽视的孩子》中，我引用了很多童年时期和成年时期发生的有关情感忽视的事例。这些事例都来自我和穆塞洛博士的临床病例的真实故事。为了保护来访者的隐私，故事中的名字和故事细节都经过了修改。另外，在第1章和第2章中，扎克的故事是虚构的，目的是展示不同的父母教养会如何影响一个孩子。

你好奇这本书对你适用吗？回答以下问题就能知道了。在答案为"是"的问题上画圈。

情感忽视问卷

你是否有以下经历：

1. 有时会感觉与家人和朋友格格不入。
2. 对不依赖他人感到骄傲。
3. 不喜欢求助于他人。
4. 朋友或家人会抱怨你冷漠疏远。
5. 你感到还没有发现自己生命的潜能。

6. 经常希望自己独处。

7. 暗暗地觉得自己可能是个骗子。

8. 在社交场合中会感到不舒服。

9. 经常对自己失望或是生自己的气。

10. 对自己比对他人严苛。

11. 拿自己与他人比较,并觉得自己不如别人。

12. 比起人,更喜欢动物。

13. 经常无缘由地觉得暴躁,不开心。

14. 不清楚自己的感受。

15. 分辨不出自己的长处和短处。

16. 有时感觉自己是旁观者。

17. 相信自己是那种很容易过隐士生活的人。

18. 很难让自己冷静。

19. 总觉得有什么拖你后腿,让你无法活在当下。

20. 会感到内心空虚。

21. 隐隐地觉得自己有问题。

22. 很难自律。

看看你选"是"的选项。这些选项预示着在这些方面,你可能经历过情感忽视。

它是家庭照片中空白的地方，而不是照片本身。它存在于那些"没有说""看不到""记不得"的童年中，而不在"说过的"当中。

第一部分
奔跑在荒漠之中

第1章

情感的"桶"为什么装不满

这世界上的任何一个家长都有过让孩子失望的教育失误。但真正有害的是情感忽视的父母对成长中的孩子的情感需求一直充耳不闻、视而不见。

抚养孩子成长为一个健康快乐的成人并不需要教育大师和圣人，谢天谢地，更不需要拥有一个心理学博士学位。儿童精神病学家、研究员、作家及精神分析学家唐纳德·温尼科特在贯穿他写作生涯的40年间始终强调这一点。正如今天我们承认父亲在孩子成长过程中同等重要，温尼科特关于母爱的观察在本质上论证了一点：抚养一个孩子成长为情感健康、可与他人形成健康连接的成人，需要父母给予一定量的情感互动、共情和持续的关注作为燃料。而缺失这种必要的情感连接，孩子也许还会成功，但会感觉自己内心空虚，像缺失了什么必要的东西，他们苦恼而挣扎，却没人看得到。

在他的书中，温尼科特创建了如今众所周知的术语"足够好的妈妈"，来描述一个满足孩子各种需求的称职的妈妈。"足够好的"育儿之道可以是多种多样的，不管在何时，在哪种文化背景下，核心都是需要为人父母者识别出孩子的情感需求以及物质需求，并满足孩子的需求。大部分父母是足够好的。跟所有的动物一样，我们人类会本能地养育后代茁壮成长。但是如果生活环境影响了对子女的抚育，会发生什么呢？或者父母自身不健康，或带有明显的人格缺陷呢？

你是被"足够好的"父母养育成人的吗？在本章节结尾，你将明白"足够好的"代表什么，届时你将能够找到自己的答案。

首先——

如果正捧着书的你也是为人父母者，并发现你自身符合书中所列的教育失败的例子，或者经历过与例子中的孩子同样的情感体验（毫无疑问，你对自己也很严苛）。那么，请注意以下的警告：

第一

所有的好父母都会偶尔辜负他们的孩子。没有人是完美的。我们会感觉疲劳、暴躁、有压力、心烦意乱、无聊、迷惑、冷漠、招架不住，或多多少少做不到完美。这并不能证明我们是情感忽视的父母。情感忽视的父母可以这样分辨他们自身是否对子女有情感忽视：在重大危机时刻，他们在某些非常重要的地方忽视了自己的孩子，给孩子造成了无法愈合的创伤（急性共情失败），或者在孩子成长期间，他们长久地对孩子某方面的需求不听不闻（慢性共情失败）。这世界上的任何一个家长都有过让孩子失望的教育失误。但真正有害的是情感忽视的父母对成长中的孩子的<u>情感</u>需求一直充耳不闻、视而不见。

第二

如果你自身曾受到过情感忽视，而且现在也为人父母，那么读这本书会让你开始意识到一些通过代际传递给你的孩子的情感忽视。如果确实如此，很重要的一点是：你要知道这不是你的错。因为它是如此无形、隐秘，又极易传递给下一代，除非你能非常清楚地知晓它，情感忽视是非常难制止的。现在你读到这本书了，已经遥遥领先于你的父母了。改变这些模式的机会就在你面前，抓住它。情感忽视的影响是可以被逆转的。为了自己和你的孩子们，学习如何去逆转这些教养模式吧。读下去，**但不必内疚**。

传统健康父母的行为

依恋理论是理解在健康教育之道中情感重要性的最佳理论。依恋理论描述了我们从婴儿期开始的，对于安全和连接的情感需要是如何由父母来满足的。现在研究人类行为的方法已经超越了依恋理论，但大部分方法是受最初的依恋理论提出者、精神科医生约翰·鲍尔比的启发的。他对父母与子女之间纽带的理解是从数千小时的观察中得来的。他的观察内容是母亲与婴儿、父母与孩子间的互动。他的结论很简单，如果父母能够有效地识别并满足孩子在婴儿期的情感需求，一个"安全依恋"就会形成并保持下去。这份依恋是孩子能够形成积极的自我意象，以及从小到大的良好的总体幸福感的基础。

通过依恋理论看情感健康，我们发现父母至少要有三个关键的情感技能：

（1）父母能感到与孩子有一种情感连接。

（2）父母关注自己的孩子，并视他为一个独特而独立的个体，而非自己的延伸、所有物甚至负担。

（3）基于这份情感连接和对孩子的关注，父母适当地回应孩子的情感需求。

尽管这些技巧听起来很简单，但组合起来它们会成为非常强大的工具，可以帮助一个孩子学习如何认识和管理自己的天性，并使孩子建立起安全的情感纽带，使他拥有健康的情感来获得快乐的成年生活。简单地说，当父母关注孩子独特的情感天性时，他们会抚养出情感上很强大的成人。有些父母靠直觉就能做到这点，但是其他人可以学习这些技巧。不管是哪种情况，孩子都不会经历情感忽视。

扎克

扎克是一个早熟并格外活跃的三年级学生，家里有三个孩子，他是最小的，生活在一个悠闲并充满爱的家庭中。最近，他在学校里因为"顶嘴"惹了麻烦。有一天，他带回一封告状信，老师在上面这样描述他的违规行为："扎克今天很不尊敬人。"他妈妈让他坐下，问他发生了什么。他带着一股怒气告诉她，在休息时间，罗洛老师告诉他不要在手指上玩弄铅笔，笔尖朝上，搞不好他会"戳中自己的脸"。他皱着眉头并回嘴说，他只有"把自己弯成这样（向妈妈演示这个动作）"，对着铅笔，才会戳到自己的脸，何况他又没有"那么傻"。结果，罗洛老师没收了他的铅笔，把他的名字写在黑板上，并给他写了一封告状信。

在我们描述扎克妈妈的实际回应之前，让我们看看扎克需要他妈妈什么样的回应：因为和老师的冲突，他很沮丧，他平时挺喜欢老师的，所以他需要共情；另一方面，他也需要学习，在学校里，他的老师对他有何种期待；最后，最好他妈妈还能注意到（情感上的注意力），扎克最近对"被像婴儿一样对待"很敏感，因为他的哥哥和姐姐经常把他扔在一边，就因为他小。扎克的妈妈需要这些技巧：感受到和孩子之间的连接，关注孩子，适当地回应孩子，才能在这个问题上帮到他。

以下是母亲和儿子之间的对话：

> 母亲："罗洛老师没有意识到你感到丢脸，因为她竟然会以为你会蠢到用铅笔扎到你自己的眼睛。但是当老师叫你停止做什么的时候，原因并不重要。你需要停下来。"
>
> 扎克："我知道！我想告诉她这个的，但她不听！"
>
> 母亲："是，我知道别人不让你说话，你会多沮丧。罗洛老师并不知道你哥哥、姐姐最近不听你说话的事啊。"
>
> 母亲的理解让扎克放松了一点儿："就是说啊，她弄得我这么沮丧，还拿走了我的铅笔。"
>
> 母亲："你一定很难受。但你想想，罗洛老师的班级人数非常多，她肯定没办法像我们这样交谈啊。在学校呢，任何成年人叫你做什么，你就做什么。这点很重要。你能试着做到不顶嘴吗，扎克？"

> 扎克:"好,妈妈。"
>
> 母亲:"真棒!**如果你按罗洛老师的要求去做的话,你永远不会有麻烦的。**如果你觉得不公平,你可以回家之后跟我们抱怨。这完全可以。但是作为一个学生,尊敬就意味着配合你老师的要求。"

这位母亲直觉性的回应让我们看到了一个很好的例子,一个温尼科特所描述的,让孩子能够成长为理智、快乐的成年人所需要的健康的、情感上有共鸣的教育方式。她具体做到了哪些呢?

- 首先,她在做出任何反应之前,让儿子告诉她发生了什么,这样就建立了与儿子的情感连接,没有羞辱。
- 然后,她很仔细地倾听。当她终于开口时,她告诉儿子一条八岁孩子都能理解的规则:"当老师叫你做什么,你就做什么。"这里扎克的妈妈本能地配合他的认知发展阶段,给他提供了一条在学校普遍通用的规则。
- 紧接着,她表示了共情并说出他的感受。("罗洛老师没有意识到你感到丢脸……")听到妈妈说出了自己的感受,扎克可以向妈妈表达他更多的情绪。("我知道!我想告诉她这个的,但她不听!")
- 随后,他妈妈又一次明确说出使得扎克对老师表现出无礼的情绪,也正是这种无礼让他的老师觉得他不尊重师长。("是，我知道别人不让你说话，你会多沮丧。")
- 扎克感受到了妈妈的理解，自己也用了这个词。("就是说啊，她弄得我这么沮丧，还拿走了我的铅笔。")
- 但妈妈还没有说完。在整个对话中，她表示她和扎克的老师对扎克的行为有着不同的看法，向扎克表示理解，与他感同身受。然而，她不能到这就结束，因为扎克如果不改顶嘴的习惯（很可能是因为有哥哥、姐姐），还会在学校惹麻烦，除非他能改正这点。所以妈妈说"在学校呢，任何成年人叫你做什么，你就做什么。这点很重要"。
- 最后，她还教导儿子要对自己的行为负责任，并为今后管教他争强好胜的天性做好准备，问他"你能试着做到不顶嘴吗，扎克？"

这段对话看似简单，扎克的妈妈却避免了为一点小错而羞辱他，又说出了他的感受，同时还教会了扎克如何处理自己的感受。她在情感上支持他，教给他一个社交规则，并让他自己承诺会遵守这个规则。此外，再有类似的情况发生时（扎克顶嘴），她也会根据扎克在教室所面对的困难处境调整她的建议和行动。

请记住扎克，我还会用他举更多例子，帮助描述健康教养和情感忽视型教养的区别。

以下是另一个例子：

凯瑟琳

通常有害的情感忽视对孩子一生的影响是非常微妙的，也许它每天都在发挥作用，但几乎无法观测到，它经常戴着体贴甚至放纵的面具。

凯瑟琳是一位成功的年轻女士，刚刚结婚不久，是一家规模不大的初创高科技公司的行政助理，薪资很高。她说服了丈夫在她父母所在的镇上买了一座房子。尽管她知道，正如她在心理咨询过程中透露的，她妈妈经常让她抓狂。她为自己的决定感到迷惑。她认识到她妈妈需要她的很多关注，并且不管她给予妈妈多少关注，她还是会感到愧疚。就在她开始心理咨询时，在她的成功与幸福（新家、刚结婚的丈夫、很好的工作）达到顶点时，凯瑟琳感到莫名的抑郁。而正因为"没有原因"，她对这种感觉感到羞愧和困惑。以下的例子可以非常好地解释情感忽视是如何隐藏在我们的生活中的，它不存在于发生的事情中，恰恰相反，它存在于不曾发生的事情中。

> 时光倒流25年，5岁的凯瑟琳正坐在海岸边，快乐地和爸爸搭建沙滩城堡。她是一对成功的年轻夫妻的独生女，一家住在照原样复建的新英格兰式房屋里，人们经常告诉她，她拥有这一切是多么的幸运。爸爸是工程师，妈妈回到学校当了一名小学老师。在异国旅行，学习各地细致的礼仪是凯瑟琳生活的一部分。凯瑟琳的妈妈是一个优秀的裁缝，常给她做衣服。她们经常穿着亲子套装，花费大量

的时间在一起。但此时此刻，在度假中，她离开了妈妈身边的沙滩椅。为什么？因为爸爸邀请她去一起玩耍。她有一个少见而又愉快的机会和爸爸一起做些特别的事。他们在挖沙坑，收集沙子，堆砌他们的沙滩城堡的第一层。

妈妈看了会儿书，从她的沙滩椅上抬起头，严厉地说："玩够沙子了吧，凯瑟琳。你爸爸难得的休息日，可不想跟你玩一整天！过来这边，我给你读书。"爸爸和女儿坐在沙坑旁，抬起头，停下了手里的塑料铲子。静默了一会儿，爸爸站了起来，拍掉了膝盖上的沙子，就像他也必须服从一样。凯瑟琳为不能继续玩感到难过，同时也觉得自己自私。妈妈把他们照顾得很好，她不该只顾自己跟爸爸一起玩。她顺从地回到妈妈身边，坐到那个小一点的沙滩椅上。妈妈开始给她读书。须臾间，凯瑟琳的失望已被遗忘。

在我们的咨询中，凯瑟琳是在解释和父亲的疏远关系时提起这段往事的。但当她说到爸爸站起身、拍掉膝盖上的沙子的时候，她的眼中噙满泪水。"我不知道为什么这个景象让我感到如此的悲伤。"她说道。我让她集中注意力在她的悲伤中，并想想她的爸爸妈妈那一天可以做些什么不一样的事。就在那一刻，凯瑟琳才开始明白父母都经常辜负她。要想到她期望怎样不同的一天一点儿也不难。她只是希望能够继续和爸爸挖那个沙坑而已。

如果她妈妈与凯瑟琳共情的话：

  他们玩的时候，妈妈放下手中的书，坐在沙滩椅上朝他们微笑："哇，你们挖了好大一个坑，想不想看看我怎么搭一个沙滩城堡？"

或者
如果她爸爸与凯瑟琳共情的话：

  他们玩的时候，妈妈放下手中的书，坐在沙滩椅上朝他们严厉地说："玩够沙子了吧，凯瑟琳。你爸爸难得的休息日，可不想跟你玩一整天！过来这边，我给你读书。"爸爸和女儿都抬起头，静默了一会儿。爸爸大声笑起来，看着妈妈，又看了看凯瑟琳："开什么玩笑？我哪儿也不想去，我就想和我的乖女儿在这沙滩上玩！要来帮我们挖坑吗，玛格瑞塔？"

  值得注意的是以上两个"修正版"都是非常普通的、自然的教养技巧。像这样的对话随处可见。但是如果孩子不能确信自己对父母是重要的，如果孩子经常因为自己对父母关注的需要而感到羞愧，**她将会成长为一个忽视自己情感需求的人**。值得庆幸的是，长大后的凯瑟琳意识到自己对妈妈的愤怒是事出有因的。她清楚地看到，这么多年的母女关系中，她的妈妈都没能够与自己共情。自从凯瑟琳认识到她的愤怒是合情合理的，她也不再为此而愧疚。她意识到她可以不再处处迎合妈妈，而真正为自己和丈夫考虑。同时，一扇崭新的门也向凯瑟琳敞开，她开始理解她妈妈的不足，她可以尝试修复她们的关系。

凯瑟琳的情况中有另一个非常重要的因素，凯瑟琳的父母其实并没有多大的教养失误。他们的"过错"是如此微细，他们自己都没有意识到这会伤害到自己的女儿。事实上，他们可能只是在重复自己儿时经历过的模式而已。这也是情感忽视的危害所在：非常好的人，爱自己的孩子，一心一意为孩子着想，却意外地、无意识地把有害的相处模式传递给自己的女儿。在这本书中，我的目标不是怪罪父母。一切只是为了理解我们的父母，理解他们是如何影响我们的。

现在你对健康的教育与情感忽视的教育的区别多少有点了解了，接下来我们看看具体的情感忽视型的父母都是什么样的。当你读这章的时候，试试你是否能够从中认出你的父母。

造成情感忽视的12种类型的父母

充满情感忽视的教育方式乍一看跟健康的教育方式没什么不同,但其中的区别是非常巨大的。就像森林里的蘑菇一样,有些是美味佳肴,有些则会致命,相似之处仅仅是表面而已。

在情感上，父母太容易让孩子失望了，以至于很难在本书中囊括所有辜负孩子的行为。我们只能尽己所能描述出最常见也最具代表性的父母类型。你的父母很有可能同时带有几种典型特征。即使你已经将你的父母与其中某一类型挂钩，读完该章节也会对你有所帮助。例如，你很可能会发现你的第 5 型父母还带有第 9 型父母的特征。虽然大部分的父母会特别符合其中一种类型，但是，本书所举的例子通常是"混合匹配"的。

我将在最后来讨论最大的一类："都是为你好"型父母。这一类型的父母占据了绝大多数，他们关心自己的子女，期望给予子女最好的关怀，却事与愿违地让他们的子女经历着情感忽视的痛苦。虽然他们真心实意地爱他们的孩子，却无法给予孩子内心真正渴望的东西。当你对照第 1 型到第 11 型，仍找不到与你父母匹配的类型，那么很有可能他们属于这第 12 型。

类型 1：自恋型父母

你或许熟悉希腊神话中的美少年纳西瑟斯，"自恋"一词即来源于此。纳西瑟斯是全希腊最为俊美的少年，有着迷倒众生的样貌，引得无数倾慕者追求。但高傲的他对他人无动于衷，却在路过一潭清池的时候，爱上了自己的倒影。最终殒命于池水中。

自恋者就像纳西瑟斯一样。生活中，自恋者时常感觉充满自信和魅力，自认为高人一等。虽然他们偶尔会意识到这种优越感不过是种镜花水月般的假象，但他们还是去追求印证自身这种优越的感觉，尽力忽视与此相反的证据。当优越感的假象被打破时，他们备受煎熬。尽管他们自视甚高，实际上却非常脆弱，易受伤。他们会记仇，推卸责任，冷落使他们受伤的人。只要事情不如所愿，他们就怒火中烧。他们不接受自己也会犯错。他们只喜欢聆听自己的声音。最为甚者，他们永远高高在上，对他人指点江山，颐指气使。他们无论在家庭中、工作中都是一副君临天下的模样。

可想而知，自恋者成为父母后，会希冀自己的子女成为完美的化身，最低要求是不能让身为父母的他们丢脸。当孩子在大赛中错失了一个重要的球，普通的父母只会略感难堪，而自恋的父母会觉得颜面尽失，愤慨异常。孩子若是当众出丑，自恋的父母会觉得这是孩子故意让他们丢脸，而不顾事实：此刻，孩子可能非常需要他们（父母）的支持。

希德

19岁的希德正站在他富有的父母精心布置的家门口。打眼瞧去，希德高挑、英俊。但他的眼中却流露出痛苦和恍惚。他微微弓着肩膀，双手紧握在身前。身旁的警官按响了门铃。警官和年轻人等了许久，一位优雅的女士来开了门。她非常客气地对警官微笑，感谢他把她儿子带回家，接过文件，并侧身让儿子进家门。警官离开了，希德的母亲关上了前门，站在他面前，她在胸前盘着双臂，严肃地看着希德，表情让人捉摸不透。希德微微前倾，像是询问，又像是期望母亲有些反应。她冷冷地说："你父亲非常生气，已经先上床休息了，你不能现在和他谈。你先回房间休息吧，明早我们再谈。"

眼前的景象不禁让人联想，希德是被抓到醉酒了呢？还是犯了更严重的错，比如偷盗？但事实是，希德因为驾车经验不多，撞到了一个匆忙赶公交的男人。他受伤不轻，现在躺在医院里，昏迷不醒。希德的母亲只是叫他回房间。她在为明天儿子的名字会出现在报纸上，让家族蒙羞而难过。

自恋的父母从未意识到子女是与他们相互独立的个人。相反，他们认为孩子只是自己的延伸。孩子的需求实际上是由父母自己的需求定义的，如果孩子想要表达自己的愿望，他们会教训孩子这是自私，不善解人意。

碧翠丝

碧翠丝是一个阳光的14岁非裔美国女孩，她拿到了本镇一所远近闻名的私立高中的全额奖学金。她的同学多是出生于富有家庭，度假都是随便去去像蒙特卡罗或瑞士阿尔卑斯山脉这类名胜。而碧翠丝只是一个小镇女孩，她的父母需要特别节约开支才能带她去一次迪士尼或者科德角。新学校的生活开始了，她的成绩还是一如既往的优秀。但她一整年都过得很悲惨，自己是黑人小孩，又是乡下模样，是如此的与周围格格不入。

这一学年，尽管碧翠丝深感不幸，她的妈妈却乐得像活在天堂里。她喜欢打扮自己，参加各种学校活动，与州长议员或是华尔街精英父母们寒暄家常。她对邻居侃侃而谈，女儿是多么的优秀，能够进入这么著名的学校。她终于找到了自己的归属，与这些社会精英们比肩。

自然而然，无论何时碧翠丝想要表达她的悲惨境况，她的妈妈都会冲她大叫："这是千载难逢的好机会啊，你会拥有成功的一生。再艰难，也只需要坚持四年而已。你要坚强！"碧翠丝想要相信妈妈的话，但她又孤单，又忧郁，她感到在同学间无地自容。当她告诉爸妈，她最终决定重返自己曾经的公立高中，她的妈妈爆发了，声泪俱下地对女儿控诉："你怎么能这么对我？我还怎么和那些好朋友见面！我们的邻居也会笑着看你失败，再也不会羡慕我！你怎么能这么小题大做，这么自私！"而碧翠丝的爸爸也无能为力，他早就学会必须赞同妈妈。

在碧翠丝最需要父母同情和理解的时候，她得到的只是

> 妈妈的羞辱,而且她妈妈很久不能释怀,即便这是对碧翠丝最好的决定。她从公立高中毕业后,拿到了到布朗大学的全额奖学金,她的妈妈才又开心起来。

自恋型的父母永远无法理解或顾及他们孩子的感受。没有同理心的父母就像是在昏暗的房间里,用生锈的器具做手术的人。细思恐极啊。

扎克

让我们回到扎克,那个在第1章讲过的跟老师顶嘴,带了告状信回家的三年级男孩。如果他的妈妈是自恋者,我们很可能会看到下面的场景:

> 扎克把告状信交给妈妈。她一边读信,扎克看到她的肌肉绷了起来,下巴收紧,脖子也红了起来。她在扎克面前晃着纸条:"你怎么能这样呢,扎克?现在罗洛老师会觉得我没有教你礼貌!真丢人。回你房间去,我不想看到你,太伤心了。"

扎克的妈妈认为他的不良行为是在针对她,好像他是故意这样做,好让她丢脸。她根本不在乎扎克、他的感受或他的行为本身。一切都是围绕她的。自然地,扎克得不到任何对在学校与人相处的有益的反馈。

自恋者成为父母时，很难和每个孩子有良好的关系。他们会在孩子们中偏心，至少一个孩子会让他们觉得非常失望。但是也会有一个很像自己的孩子会成为"受惠者"，不管他是因为漂亮、有运动天赋还是非常聪明，自恋型的母亲或父亲会对这个孩子特别优待。直至这个孩子成人以后才有可能意识到这份爱始终都是带有条件的。

吉娜

吉娜32岁，是家里三个孩子中的老大，来自老式的曼哈顿家庭。直至最近，她一直都是父亲的掌上明珠，和父亲非常亲近。而吉娜的弟弟不如她成功，他总是刻意与父亲和她保持距离。她一直都不理解为什么，以为弟弟是在嫉妒。她与一个移民后代结婚了，他是个成功的律师，在她的律师所工作。她父亲觉得这个男人配不上她。从他们订婚以来，父亲就很冷落她，回避她的电话。就算他们聊起来，他也是用以前常常对弟弟说话的那种挑剔的语气。吉娜明白了，她让父亲失望了。长到32岁，她才明白为什么弟弟会和家里人疏远。

有了这份觉悟，吉娜本可以继续她的生活，远离父亲。但她却总是下意识地想要取悦他，要比其他人表现得好，取得荣誉和赞美，只是为了父亲。她被禁锢在父亲的完美想象里了。整个童年，她自己独特的个性都被忽视了，她

> 竭尽全力地满足父亲的完美想象，成为一个完美的女儿。作为自恋型父母的子女，无论是被讨厌的，像吉娜的弟弟，还是被偏爱的，像吉娜，他们长大后都会长久地在父母的评价里挣扎。他们很难看清自身。

我知道你一定开始明白了，充满情感忽视的教育方式乍一看跟健康的教育方式没什么不同，但其中的区别是非常巨大的。就像森林里的蘑菇一样，有些是美味佳肴，有些则会致命，相似之处仅仅是表面而已。在后续的章节里，我会教你如何识别这些毒蘑菇，如何活出真正的自我，还有如何把这些力量和知识传递给你的下一代。

类型 2：专制型父母

1966 年，心理学家戴安娜·鲍姆林德博士首次提出了"专制型父母"这个概念。鲍姆林德博士这样描述专制型父母：他们推崇规则、限制和惩罚，用一种既不灵活又强硬要求的方式抚养他们的孩子。专制型父母通常会与这样的语句联系在一起：

"老派的"

"孩子应当老老实实的，不要多嘴"

"玉不琢不成器"

如果你是在 1946 年到 1964 年间或更早出生，你很有可能是由专制型父母养大的。那个时代非常流行这种教育方式。现在的父母往往采取更加开放和宽松的方法，有意识地决定不让自己的孩子再像他们小时候一样被管制。但是，还是有很多专制型父母存在。

专制型父母对孩子的要求很多。孩子被要求服从父母的规矩，还不能质疑父母。同时，这些家长也不会解释这些规矩背后的原因。他们只要求孩子执行，当孩子不遵守规矩的时候，就对他们进行粗暴的管教。专制型父母会惩罚或者打骂孩子，却根本不会跟孩子一起讨论一个问题或一件事。他们甚至不会考虑孩子的感受或想法。他们只按照他们自己头脑中的一般的小孩该有的行为模板来要求孩子，根本不考虑孩子的特别需要，不考虑这个孩子的气质或感受。

大部分虐待型的父母也属于这个专制类型。但鲍姆林德博士也非常谨慎地指出**并非所有专制型父母都是有虐待倾向的**。然而，我却要冒昧地指出**所有专制型父母都是充满情感忽视的**。

许多专制型父母倾向于将孩子的顺从等同于爱。换句话说，如果孩子静静地、彻底地服从父母，他们才感觉到被爱。不幸的是，反之亦然。如果孩子质疑父母的要求，父母不仅会觉得不被尊重，也会感觉到被拒绝。如果孩子是在公共场合表现出不服从，父母会感觉更糟糕，也会觉得自己完全不被爱。为了理解这一点，我们来看看索菲亚的故事。

索菲亚

索菲亚是一个美丽、活泼的19岁女孩。她的父亲是一个62岁的老派意大利人。他非常爱他的独生女，同时也期望她能够回报他以尊敬与爱。圣诞前夜，索菲亚的家人从各地赶来为年度圣诞聚会做准备。多年来，索菲亚一直厌恶这种聚会，因为没有跟她年龄相仿的兄弟姐妹或表亲，她又觉得阿姨和叔叔"无聊、烦人又自命不凡"。在这种聚会上，她觉得自己像个展示中的装饰品，被整个家的人观看、评价，然后就把她打发到一边，忽略了。

今年，索菲亚的新男朋友邀请她去他家过圣诞前夜。她对第一次与他父母见面感到兴奋，因为这意味着他们的关系更进一步了。同时，她也觉得这样度过这特别的一天会更温暖、更有趣，也更刺激。

当索菲亚带着极大的不安告诉父亲她的计划时，他立刻愤怒了："你不能这样不尊重我。你的阿姨和叔叔会怎么想？他们会认为你不爱他们。这就是你对我为你所做的一切的报答吗？我只想要这一年才一次的家庭晚餐，你也自私地不想给。"当索菲亚没有立即满足他的愿望时，她的父亲告诉她圣诞节也不要过来了。"我会把你的礼物还给你，你跟你男朋友一起过圣诞吧。"话说到这份上，索菲亚又内疚又气馁，她只能改变计划，按父亲的愿望来。她可不想孤独地过圣诞节。

索菲亚的父亲反应如此激烈，是因为他感到被遗弃了，女儿完全不爱他了。父亲以为她故意破坏他的规矩，这让他感到被拒绝、不被尊重和缺少关心，而事实上她这样做是因为她爱她的男朋友，对未来欢欣雀跃，也是出于她正常的想要建立自己的生活的需要。事实上，索菲亚的父亲正无意中"训练"她把满足他需要被爱的愿望放在她自己的健康需求之上。

约瑟夫

约瑟夫 10 岁，是家里五个孩子里的老大，今天是万圣节。约瑟夫出生后的每一个万圣节，家里都有一套一样的仪式。他们在晚上六点钟吃热狗和豆子。晚饭后，孩子们才能穿上他们的盛装，尽管他们从早上就开始哀求父母。

每年约瑟夫的母亲和祖母会选一个服装的主题并自己缝制。今年，五个孩子都是超能战队。作为老大的约瑟夫，感到非常难堪，他已经是大孩子了。他担心明天他的朋友要嘲笑他穿这么幼稚的服装。再说，他今年很想穿成哈利·波特。约瑟夫不会去质疑服装，也不会要他母亲让他穿成哈利·波特，因为他知道母亲会非常生气，会怪他不感激她和祖母缝制衣服的辛劳。约瑟夫只能努力不去想衣服了。就算穿成超能战队，还是可以去玩"不给糖果就捣蛋"的。

> 约瑟夫的父母对"不给糖果就捣蛋"有严格的要求。他们每年都去同样的七家邻居那里。他们必须按照年龄排好队,最小的在前面。这样妈妈才好照看他们。就这样排队行进时,约瑟夫看到他的两个朋友在街那头玩"不给糖果就捣蛋",他不由自主地就跑到队伍前面去了,上蹿下跳地喊他们。约瑟夫的妈妈,一直忙着照看所有的孩子,她需要秩序,一看到约瑟夫不老实,立马抓着他的胳膊就把他拽回了队伍的后面。"你不用玩'不给糖果就捣蛋'了,"她训斥道,"你连自己都管不好,你跟我在这儿看着吧,让你的弟弟妹妹们去剩下的邻居家。明年长点记性。"

约瑟夫的妈妈是专制型父母的典型例子。她没有考虑约瑟夫的年龄(或者任何孩子的)就决定了服装,把他们当成一样大。她也根本不在意约瑟夫自己在万圣节想要什么,做五套一样的衣服没那么费事。她定下的规矩是不容更改的,而约瑟夫粗心地坏了规矩的时候,后果非常严重。

当然,约瑟夫的妈妈要在孩子们玩"不给糖果就捣蛋"的时候看好他们是很不容易的,这点我们也要体谅。她这样专制也许也是因为要照顾好五个孩子而迫不得已。但重要的是,不管她这样做的原因是什么,对约瑟夫的影响都是一样的。他学到的是有自己的需求和愿望是自私的表现,他只能把这些愿望、需求和感受埋藏在自己心底。他也知道了自己并不重要。等约瑟夫到了青春期,他很可能会非常叛逆,成年后,他非常有可能会出现情感忽视的征兆。

有些父母专制的表现会比较微妙：

> ### 芮内
>
> 芮内在我们的第一次治疗中告诉我："我挺难管的，总是惹麻烦。现在想想，我都替我爸妈难过。"当我仔细问芮内时，我了解到：
>
> 芮内的爸爸是"多少有些固执己见的"（芮内的词）。他希望自己的孩子能够给家里帮忙。他下班回家后，会看到像地板脏了之类的事。"芮内，过来擦擦地板！"他会喊。如果芮内正在做作业，她当然是先写完正在写的句子或者算术，才会起身。就这一点点工夫，她爸爸就觉得她不听话。"我叫你擦地板，是叫你立刻擦，不是五分钟之后擦！"他会继续喊。不管是什么事，也不管芮内在做什么，她爸爸都会喊来喝去的。不用说，芮内自然是经常"惹麻烦"了。

你能看到，芮内的爸爸并不像其他专制型的父母那样给她多严厉的惩罚。他没有特别约束她或者在圣诞节赶她走。事实上，大部分人可能觉得他做得很正常。哪有父母一次都不喊的？问题是，芮内的爸爸不仅仅喊得很大声，而且说的话也很难听。他觉得只要女儿没有立即响应他的要求就是不爱他。他要满足他自己的需求（被尊敬和爱的需要），同时告诉芮内她最好按他说的去做。

不幸的是,他这样做真正传达给芮内的是,她的需要不仅是无关紧要的,还带有攻击性。芮内怪罪自己有这些"不可接受"的需要,并不去怪罪爸爸的不讲理。她基本上被判处一生的自责和对自己的愤怒。幸运的是,芮内接触到心理治疗,能够学习接受她有自己的感觉和需要是没问题的。

扎克

扎克乘校车回家,头脑里憧憬着明天的足球比赛。他的父亲终于买到了爱国者的票,这是第一次带扎克去看他们的比赛。扎克从来没有这么兴奋过!

扎克一到家,就把告状信给妈妈了。她看着看着,脸上浮现出极度痛苦又愤怒的表情:"这太过分了,你要学学怎么对人表示尊重!明天的足球比赛你别想去了。也许下次你会记得尊重罗洛老师。"

很显然,扎克的妈妈备受打击。她根本没用一点时间来听听扎克怎么说,也没有教他怎么管理自己的情绪或是在学校里应该怎么做。相反地,她只教给他一条规则,那就是他不重要,重要的是要盲目地遵从权威。就算扎克在成长过程中有幸地从他人(老师、朋友、他的妻子)那里得到"他很重要"的肯定,他还是会在坏事发生时倾向严厉地责怪自己,如果他犯了错误,他会对自己非常严苛。

类型 3：放纵型父母

放纵型父母在很多方面都是与专制型父母相反的。他们的座右铭是"不要担忧，开心点"。在我们的文化中，这些类型的父母被描绘为可爱而古怪的。就像《达尔玛和格里格》（*Dharma and Greg*）里达尔玛的嬉皮士父母，《恶搞之家》（*Family Guy*）中史都伊的母亲霍默·辛普森，或《淘气阿丹》（*Dennis the Menace*）里抽着烟、悠闲自在的老爸。放纵型父母的教育方式可以被看作采取最不容易遭到抵抗的方式。往好里说，他们只是希望他们的孩子能够快乐。往坏了想，他们根本不想做教育子女的工作。不管是哪一种，他们没有给孩子建立

理想的父母

任何限制、规则，或在孩子青春期时可供叛逆的强有力的成年人形象。要说"不"可是很花力气的。强迫一个孩子做一件杂事或任务是很累人的。跟一个愤怒的孩子交谈、相处也是很费事的。因为对孩子说"不"，而被你的孩子讨厌，哪怕只是暂时的，也是非常痛苦的。放纵型父母觉得与其教孩子做家务还不如自己做来得轻松。当孩子惹麻烦的时候，他们也经常给孩子找别的理由来当借口。

放纵型父母看起来都是很受孩子喜爱的。这是因为放纵型的父母几乎不会和孩子有冲突。他们就是不喜欢说"不"。很多这类型的父母对任何冲突都感觉不舒服，也不能很好地进行自我约束。要更好地理解这种教育方式，让我们来看看萨曼莎那如"田园诗"般的童年。

萨曼莎

邻居的孩子都很羡慕萨曼莎。当邻居家的孩子一个一个地被叫回去吃饭时，萨曼莎可以玩到最后一个回去。如果萨曼莎不想去学校了，她只要跟家长说一声就可以休息一天。萨曼莎不想睡觉时，也没有任何问题。她可以随便什么时候上床睡觉。萨曼莎的父母相信孩子应该拥有绝对的自由，这样他们就能成长为快乐的人了。萨曼莎在家时的确非常快乐。她很少与父母发生冲突，等长大一点后，她几乎就不在家了。

> 在学校里，就有很多问题了。大家都知道萨曼莎非常聪明，可以考出高分。但是，她的老师觉得她很难管。他们觉得她就是一个被娇惯坏了的不守纪律的孩子，也没能充分发挥自己的潜能。她很难服从规则，是班里的问题学生。她会忘记去考试。当然，不出意外地，她的成绩远低于她的潜力。

不难看出，成年后的萨曼莎回忆小时候，会觉得她的父母棒极了。十五年后，她在与我的第一次咨询中说道："我觉得他们是全力地支持我的。"那时，萨曼莎是一个小服装店的经理。她怪自己没有去上大学。"我有的是机会，"她沮丧地说道，"我父母会资助我上大学的，我自己没去。我不明白我这是什么毛病。"萨曼莎完全想不到她父母放纵的教育方式导致她没有准备好去面对外面真正的世界。她成长在这样雾里看花般美好的童年里，根本学不会理解自己或她面临的困难。

不是所有的放纵型父母都被孩子所喜爱。下面要讲到的成年后的奥黛丽，几乎不与父母来往，还对自己有很多愤怒。继续读。

奥黛丽

> 奥黛丽13岁那年，父母离婚了。她妈妈受够了她爸爸的酗酒和不忠，将他扫地出门。爸爸很快就和另一个女人

同居了，奥黛丽只能和妹妹一起跟妈妈住。奥黛丽的妈妈也立即跟另一个男人好上了，他很快搬来同住。奥黛丽的妈妈坠入爱河，就只关注她的新恋情。

当奥黛丽发现爸妈都不注意她的来来往往时，她很兴奋。她开始跟一群大一点的孩子们混，吸大麻、喝酒。奥黛丽的妈妈注意到她经常不在家，但这样更好，她就有更多时间跟男朋友在一起了。

当奥黛丽在学校被发现她口袋里有大麻时，她告诉妈妈她只是帮一个朋友拿着。妈妈很快接受了这个解释，为女儿没吸大麻松了一口气。比起要付出辛劳去调查、照看、管教不受控制的奥黛丽，显然接受这个蹩脚的诡辩更容易。到她18岁的时候，她已经打过一次胎了（父母竟然都不知道），尽管她智商很高，但已经挂了很多高中科目了。

奥黛丽长大后回顾往事，总是怪自己不懂事。她青春期时父母就完全没管过她，她以为这样他们就对她没有任何影响了，不管是正面的影响还是负面的，所以除了自己，她还能怪谁呢？这就使我们很难看到，事实上没发生过的可以比发生过的更重要。她意识不到她缺席的爸爸和心事重重的妈妈都没有付出一点时间和精力来教育她。

年少的奥黛丽和她成年后都犯了同一个思维错误，很多人都是这样。还记得吧，13岁的奥黛丽因为没人管她，也不会给她定规矩而高兴。萨曼莎也为不需要遵守规则而快乐。青少年天性渴望自由，他们正处于建立自己独特的同一性的阶段，也期望与父母分离。但重要的是要记住虽然青少年渴望自由，但毫无约束对他们无益。青少年需要一个可以与之对抗的强大的父母。他们在与父母的规则和违反规则的后果的冲突中学习如何做出好的决定和如何管理他们的冲动。不幸的是奥黛丽没有这一切。

放纵型的教育还有另一个缺陷：孩子得不到父母足够的反馈，她得为自己负责，找到她对自己的期待：她擅长什么，她的弱点是什么，她应该争取什么。为了更好地理解这一点，让我们聊聊艾力。

艾力

艾力五年级了，他拿着成绩单回家来。他得了五个 C 和两个 D。他的母亲打开成绩单，看着它，难过地摇了摇头。"嗯，我相信你已经尽力了。"她说着叹了口气。艾力大大松了一口气，跑出去玩了。不过在这表面的放松之下，他隐隐地觉得不舒服。"她说我尽了最大努力。那意味着她不相信我可以做得更好。"

既然艾力的妈妈都对他没什么期待，他也就对自己没什么期望地长大了。他妈妈这种宽松的教育方式让他只需要做最少的努力，同时她这种宽松的反馈也让艾力觉得她对自己没有期许。通过这种丝毫不费力的方式，她教会了他放弃对自己的期望、要求，反正他也做不到。

> ### 扎克
>
> 扎克把告状信交给了妈妈。妈妈脸上闪过一丝不易察觉的不快，马上又恢复了明朗。她捡起一个扎克之前扔在厨房角落的足球，指向卧室说："接着！"扎克跑过去接球。他接住了球，妈妈跳起来为他欢呼。"你是个坚强的男子汉。"她一边说着，一边摩擦他的头发，"今天不好过吧？来点冰淇淋，怎么样？"

不论谁看着这故事发展，都会觉得扎克的妈妈亲切可爱。不管怎么说，她是希望扎克好受一点，对吗？像扎克妈妈这样的家长总会被孩子们当成那种"很酷的家长"。要是扎克的朋友看到他妈妈是这样处理问题的，他们会嫉妒死了。相比之下，他们自己的父母又古板又无趣。但是尽管她看起来对孩子呵护有加，实际上她辜负了她的孩子。她表现得像扎克的哥们、朋友一样，而不是把扎克当作一个需要学习规则的孩子，也没有帮助他管理自己的冲动行为。真正充满爱意和关怀的家长需要肩负起教导孩子的责任，不能传递出这样的讯息：他在学校遇到的问题是不重要的，没有什么教训可以从他犯的错中吸取。扎克的妈妈就这样把一个能够好好教导他的机会错过了，只为了做他的好哥们。

事实上并非所有的放纵型父母都是像奥黛丽的父母一样自

私。很多放纵型家长是像扎克的妈妈这样,非常爱他们的孩子,也十分地关注孩子。他们这样教育子女,是因为他们自己就是这样长大的。他们意识不到父母在子女面前需要成为权威的代表,通过规矩、后果和对孩子说"不",来帮助孩子了解自己并理解人与人之间的关系,以及各自的感受。

类型 4:离异 / 丧偶型父母

离异 / 丧偶型家长经常只是拼命地应付生活。和一个悲伤的家长一起生活可不容易。如果他是因为自己的另一半而悲伤,这就更难了,因为你也失去了他。孩子失去了一个亲人,不管是父母离异,还是生死两隔,他们自己也在经历悲伤,也需要悼念。家庭里的悲伤是非常复杂的,也很难应对。在这本书里,我们只关注其中的一种情况:会造成对孩子的情感忽视的情况。

莎莉

莎莉生活在一个充满爱的爱尔兰家庭中,她是五个孩子里中间的那个。每天,莎莉的家人都在各种教会活动、少年棒球联赛、家长会、邻居、学校、野餐和钢琴课中奔忙。孩子们经常打闹,因为他们都年龄相仿,但大部分时间他们还是能和平共处、彼此相爱的。莎莉的妈妈真的很忙,她一边要跟上孩子们的学校和体育活动的情况，一边又在镇娱乐部兼职工作。莎莉的妈妈经常告诉她的朋友，她很高兴她有这份兼职的工作，因为这是她生活中唯一的和做妈妈无关的事情。要不是有这份兼职，她会疯掉的。莎莉的爸爸是一名工程师，他收入很不错，一家人不必为没钱花而担心。

莎莉的妈妈和爸爸有着迥然不同的脾气。她的妈妈经常忙于满足孩子们的各种要求，忙得焦头烂额、筋疲力尽。她的爸爸不经常在家，毕竟他要努力工作，要上班，但他在家时，他喜欢陪在孩子们身边。像其他在家里不是最大也不是最小的孩子一样，莎莉觉得她容易被家人忽视。她既不是最大的，又不是最小的，也不是唯一的女孩，更不是最聪明的。但她隐隐地觉得，她是爸爸最喜欢的女儿。他们拍全家福的时候，他叫莎莉坐在他的腿上。有的星期天早上，她可以坐在他旁边，一起看漫画。

莎莉8岁时的一天，她听到爸爸妈妈在低声耳语。她试着听清楚，但只能辨别出几个字。她确定听到的一个词是"癌症"。莎莉不想去想，所以她跑开去玩了。在接下来的几个月里，她渐渐地注意到爸爸瘦了。六个月后，他不再去工作，整天待在床上。他没有去上班的那一天，爸爸妈妈开了一个家庭会议，告诉孩子们他们的爸爸得了癌症。"但一切都会好起来的，"他们说，"我们不想让你们担心。"

三个月后的一天，莎莉从学校回家，把她的书扔在厨房的桌子上，到冰箱里拿了杯牛奶。她的姐姐进了房间泪流满面地说："爸爸走了。他们抬走了他。"接下来的几个月里，这沉重的事实彻底打击了莎莉。在她爸爸消失后的一个星期里，她几乎没看见妈妈，当她看到妈妈时，她的脸毫无表情，像石刻的一样。莎莉的妈妈几乎不说话，也不提莎莉的爸爸，或失去他的痛苦。她没有对任何一个孩子谈起这些。她让愿意帮忙的邻居、叔叔和阿姨照顾孩子，告诉他们要让孩子们的生活尽可能像平常一样，所以莎莉被赶去上她的钢琴课，还被带去看她弟弟的棒球比赛。他们被从学校带回来的唯一一天是葬礼那天。那一天，孩子们穿戴整齐，被带到教堂参加葬礼，之后又被送回家，但是，没有人谈起她爸爸的死。莎莉害怕对妈妈说任何话，也不敢问任何问题，因为她有种感觉——任何错误的问题都可能让她妈妈石刻般的脸崩溃。莎莉不想伤害她的妈妈。

葬礼后，生活继续。好像什么也没有发生过一样。没有人提起莎莉的爸爸，就好像他从来没存在过，但事实上，家里的生活发生了翻天覆地的变化。莎莉的妈妈不得不在一个自助餐厅做一个全职工作。他们卖了他们的房子，搬进了一个更小的没有院子的公寓。莎莉的妈妈每天工作9个小时。当她在家时，也几乎总是在做家务，面无表情地做。莎莉学会了不麻烦她的妈妈，因为她的任何需求都可能会把她的妈妈推向崩溃的边缘。莎莉生活在担心她妈妈垮了的恐惧中。

当我第一次见到莎莉时,她已经 40 岁了,还是单身,从未结婚。她是一个成功的生物技术工程师,有自己的房子,养了一只狗,对数独谜题情有独钟,但莎莉还是来治疗,因为她不快乐。"我从 8 岁起就没有开心过。"她说。虽然她的生理心理功能都很好,通过努力在这个世界上为自己创造了一个立足之地,但这 32 年来,她一直挣扎在无法摆脱的悲伤和一种逃不掉的空虚感里面。有一次,莎莉告诉我:"别人生活在另一个世界里。他们能看到颜色,感觉得到事物,彼此相爱并为之感动。我什么都没有。对我来说,这世界是灰色的。我在一切的外面,只是旁观。"

莎莉说得很形象。她确实生活在一个灰色的世界里,她的生命燃料被悲伤的眼泪稀释,无法充分燃烧,带给她生命的光彩。这么多年,莎莉的内心充满了这样那样的情绪:

- 处在爸爸突然从自己生活中消失不见的震惊中。
- 失去爸爸的悲伤。
- 没有被事先告知爸爸将要去世的愤怒。
- 不能谈论任何感觉的恐惧,因为会伤害另一个人(这是从妈妈毫无表情、像石刻一般的脸上得到的信息)。
- 失去了觉得自己是"特别的"那种感觉,爸爸去世后,她再也没觉得自己是谁最喜欢的人。
- 恐惧再与任何人建立亲密关系,因为从她的经验来看,依恋会造成难以想象的痛苦。
- 因为爸爸去世后,家人和自己都假装他从来没有存在过而对家人和自己愤怒。
- 对自己有时暗暗期望死掉的是妈妈而不是爸爸这种想法的内疚。

这里很重要的一点是，莎莉的妈妈是个好女人。在她自己处于崩溃边缘不知所措的时候，她还努力工作，尽自己最大的努力来应对生活的巨大变化。在她得知丈夫的病情，知道他要死了并最终失去他时，她连应对自己的悲伤的方法都没有，更不用说与她的孩子一起面对这些了。她进入了求生模式，只能采取"埋头苦干"的办法。她用自己能想到的仅有的办法尽了全力做到最好。莎莉需要去理解这一切到底是为什么，又是怎样发生的，这个变故是怎样影响她的，她又是如何在自己心中内化并埋藏这些强烈的情感的。

通过我们的咨询，莎莉最终能够重新认识以上所说的每一种感觉。她在我的办公室里持续哭泣数小时，这么多年她在外面一直忍住不哭。莎莉付出了非常多的努力，终于能够与自己实现共情，重新感觉到生命的活力，能够像其他人一样看到这个世界的多姿多彩。

扎克

扎克从学校回到家，因为他必须把老师的告状信给他爸爸而感到紧张。要是能交给他妈妈就好了，但今天是星期四，自从父母离婚，他周四晚上住爸爸这边。扎克知道他的爸爸不会喜欢这个的，妈妈搬出去以后，他的爸爸一直很累，急躁而易怒，扎克也不明白为什么爸爸一定要这样。他妈妈和继父看起来真的生活得很开心，扎克为看到他的爸爸不快乐而心痛。

扎克递给爸爸那封信。他紧张地看着爸爸，他慢慢地摇头。"这是你妈妈的错，"他说，"看到你开始遇到麻烦，我一点也不惊讶，是她造成的这一切。别担心，我会好好跟她谈谈这个。"

你可以想象到扎克看到爸爸这种反应会多么的迷茫。扎克自己的冲动和争强好胜的天性被爸爸完全忽略了，他选择将发生的事情看成是攻击前妻的好材料，正是那个突然离开自己又那么快再婚的前妻造成的这一切。扎克可能暂时不用担心爸爸会责怪他了，但隐隐地他感到被忽视了。爸爸看上去似乎是在保护扎克，但事实上，他是在为自己的目的（怪罪前妻）寻找借口。可惜的是，扎克失去了一个从自己的错误中学习的机会。

这当然是非常容易理解的，毕竟妻子突然离开了他，爸爸感到愤怒和受伤。他担心这可能会伤害他们的孩子，也是很自然的想法。当扎克成年后，从成年人的角度回首往事，看着这一幕，他显然记得爸爸是出于保护他的想法而没有怪罪他。但他不会"记起"那些本该发生而没有发生的事。就像我描述的那个与孩子有着良好情感共鸣的母亲所做的那些事。你可能还记得吧，首先要知晓孩子的感受，然后和他交谈、设定规矩还要教会他要守规则。如果扎克的爸爸继续这样忽视他的感受和这方面的需要，扎克很可能会在一种觉得他爸爸完全不了解他自己的环境下长大，但他不会理解其中的原因，因为他无法"记起"那些没有发生的事情，他很可能只会埋怨自己。

类型 5：成瘾型父母

当我们听到"瘾君子"这个词时，大多数人会联想到"酒精"或"药物"上瘾。其实，上瘾是一种范围非常广泛的强迫性行为，例如赌博、购物、网瘾或色情上瘾、刮彩票、烟瘾、老虎机和网络游戏等。这些活动中的一些，如果适度的话，是能够缓解压力的。但当一个人出现以下的症状时，就说明他已经跨越了那条线成为上瘾了：

- 在做活动时甚至只是期待的时候，能够感受到强烈的愉悦/如释重负感。
- 在活动上花费越来越多的时间，以致让家人注意到或感到不满。
- 无论他是否能够负担得起，在此项活动上花费金钱和其他资源。

○ 将此活动用于多种目的：缓解压力、社交、娱乐、管理情绪或娱乐他人。
○ 否认此活动正在伤害自己或任何其他人。

现今社会充斥着前所未有的高科技玩具、网上购物、无限的网络资源和社交网络，这些都可以很容易地让人们成瘾。特别是就美国人来说，人们生活在一个充满高压的环境中，期望得到快速的满足，这两点都很容易让人们成瘾。最近，神经科学家戴维·林登（David Linden）的文章指出了我们的大脑可能会沉迷的一些因素。他敦促读者要对成瘾者抱有同情，就像你对待任何其他病人一样。但是这对家人来说尤其困难，因为成瘾的人会对亲近的人造成极大的困扰和伤害。

上瘾的父母并不完全相同。一种极端的情况是，有这样一个父亲或母亲对毒品或酒精上瘾，并经受其明显的后果。这些功能失调的上瘾的父母的孩子不仅受到情感上的忽视，还受到了创伤。在这里我们不讨论这种情况。我们要来讨论的是那些功能正常，对子女关爱的父母，这类父母的成瘾甚至可能不被认为是家庭里的一个问题。我的来访者会这样描述这类父母："他每天晚上都喝啤酒，但这不是什么问题。"这样的父母，即使每天晚上都喝葡萄酒，也会被原谅，即使他们因为醉酒而变得易怒或迷迷糊糊，他们也会被原谅，毕竟他们还是处处为他们的孩子着想。功能良好但成瘾的父母还是有能力成为好父母的。他们会为孩子的足球比赛准备冷饮和零食。他们也会邀请你的表兄弟、阿姨和叔叔一起烧烤。当你在学校遇到麻烦时，他们会进入校长办公室，为你主持公道。他们能让你欢笑。

所以，一个只是有点喜欢葡萄酒但充满爱意的足球妈妈可能做了什么或没做什么以至于出现在这本书里？一个喜欢在电视上的每一项运动上下赌注的勤劳工作的父亲呢？他们是否对孩子有情感忽视？简单地说，功能正常但有成瘾问题的父母对孩子的伤害在于：他们经常表现得像两个不同的人，而他们的孩子很难准确地预测在面对父母的哪一个人格。当他们撞见父母上瘾时的样子，他们忘了自己是父母。他们暂时在这工作上"开了小差"，所以他们可能是刻薄的、可怕的、不成熟的、自私的或不合时宜的，而他们平时是很正常的，同一个人可以是善良的、支持你的、富有智慧的、乐于助人的、有趣的或令人放心的。所以有这样父母的孩子的家庭生活的回忆总是喜忧参半的，有快乐的记忆，同时常常伴着悲伤的回忆。整个童年充满了这样不可预测的教养，子女成年后会一直焦虑、担心和隐隐地感到不安全。

理查德

理查德 27 岁时来参加治疗，因为在工作中经历了几次惊恐发作，他不知道那是什么，并进了两次急诊，他以为他是心脏病发作。他的父亲是一位备受尊敬的消防队长。当我问起时，理查德告诉我，他十几岁时是一个明星棒球运动员。在他的高中第一年，他甚至被提名为本年度的MVP（最佳球员）。理查德还自豪地告诉我，他的父亲来看他的每一场比赛。他记得他的父亲经常陪他练习投球，使他可以有实战练习。到这里都不错，对不对？

后来我在理查德的一次咨询中问道："长这么大，你记不记得有过类似的、像最近这次发生的焦虑一样的感觉？"他是这样告诉我的："那是在棒球赛季结束的颁奖宴会上，高三赛季那年。已经晚上8点了，我有一点担心，因为我父亲通常在那时已经喝了几杯啤酒了。当听到我的名字不是本赛季的MVP，而是我的队友时，我父亲腾地一下站起来，用消防队长的嗓音吼道：'那个该死的孩子才不配呢。我的儿子可是全能投手！'每个人都很震惊，看看我，看看我的父亲，再看着我。我羞愧难当。我跌跌撞撞地跑到外面，吐了。我根本不想去回忆这段往事。等到下个赛季的春天，我光顾着参加聚会了，几乎没练习过打棒球。"

有成瘾问题的父母，这样的孩子极度缺乏可预测性，很容易形成高度焦虑。成年后，跟其他没有成瘾问题的父母抚养长大的孩子相比，他们有更高的风险患焦虑症或成为成瘾者。大部分时间都是好的家长，偶尔才是一个可怕的家长会让孩子感觉到不安全，即使成年后也总是焦虑，总是在等待事情出错。

有成瘾问题的父母的另一个情感忽视的模式是：他们倾向

于对自己上瘾时对孩子忽视进行过度补偿，其补偿形式具有控制和侵入的特征：

艾尔莎

艾尔莎是一个黑眼睛、聪明伶俐的 12 岁女孩，她的妈妈把她带来进行咨询。她的妈妈凯瑟琳非常痴迷减肥，也有滥用酒精的问题。凯瑟琳跟咨询师抱怨说，艾尔莎的成绩下降了，她还变得不尊重人和"闷闷不乐"。她叫艾尔莎"过度戏剧化的公主"。艾尔莎的爸爸商务旅行很多，一般只有艾尔莎、她的妈妈和她妹妹在家里。在我们的第一次咨询中，当她的妈妈留下艾尔莎和我独自在办公室时，艾尔莎告诉我，她爱她的母亲，但是她不会"挑选一个像她一样的人做朋友，因为她有时很刻薄"。她说放学后，当她把手放在家的前门门把手上的那一瞬间，她就会有一个担心的感觉。如果她的妈妈没倒一杯红酒来喝，那还好，但是如果她已经喝了酒，当艾尔莎去拿点零食来吃时，她就会狠狠地瞪着艾尔莎，或者叫艾尔莎出去锻炼（尽管艾尔莎已经很瘦了）。艾尔莎说，偶尔有个一直注意自己饮食的妈妈也不错。但即使她的妈妈告诉她，她不胖，艾尔莎还是觉得，当她的妈妈说"你吃的那个垃圾食品会让你发胖的"，或"够了"或"去骑你的自行车，你这懒惰的女孩"或"那裤子看起来很紧"，她的意思是艾尔莎不注意自己的体重。而当她不喝酒时，艾尔莎的妈妈是不会这样说的。

当父母上瘾时，他们是无法注意到孩子的情绪的，也不能像平时一样与他们的孩子心意相通。例如，当艾尔莎的妈妈在酒精的影响下，跟艾尔莎说"去骑你的自行车，你这懒惰的女孩"，她并不是真的在谈论艾尔莎。实际上，她是在表达自己的感受：害怕她自己变胖。当她不受酒精影响时，她就能够看到真实的艾尔莎，并告诉她这些。但喝了一杯葡萄酒后，一切都不同了。这是一个有关情感忽视的完美的例子。艾尔莎被视为一面镜子，而不是一个人，只是一个映照出她妈妈如何看待自己的镜子。不幸的是，作为一个孩子，艾尔莎不知道这到底是怎么一回事。她以为妈妈的话都是针对她的，到了我帮她咨询的时候，她自尊心受损并一直觉得自己不够好。

扎克

扎克从校车上下来后感到很焦虑。他在想，在他回家并把他老师的告状信交给他的母亲之前，他可以做点什么来打发时间。他知道如果他能稍晚一点回家，他的妈妈可能已经沉迷在电脑游戏中了，不会太注意这告状信。扎克并不害怕他妈妈的反应，但他是一个聪明的孩子，随着时间的推移他已经发现，当他妈妈沉迷于电脑时，他就可以逃开一些麻烦，所以扎克在周围闲逛，在他朋友斯科特的房子旁边停下来，花了一些时间在邻居的车道上寻找好玩的石头。过了一会儿，他意识到他再不快点回家他的妈妈可

> 能会担心,所以他鼓足了所有勇气走进家门。
>
> 扎克长吁了一口气,因为他进门就注意到,他妈妈在他到家时都没有抬头看他。"学校怎么样?"她问他。"还好。给你我老师的告状信。"扎克答道。扎克快速地把告状信往他妈妈的电脑桌上一扔,就跑进厨房去找饼干了。他知道他的妈妈不会停下她的游戏来看它,到她玩完了的时候她可能已经忘记告状信在那里了。在成功地使这件麻烦事尽可能地拖延后,他心中一阵轻松。他希望今天她玩游戏赢得大满贯,这样她就有一个好心情,即使她最终看到了告状信也不会太难过。

这里值得注意的是,扎克不是真的担心他的妈妈会反应过度、变得愤怒或体罚他。他的妈妈其实很善良、讲道理也有爱心。这里的问题是他妈妈对电脑的成瘾给他打开了一扇窗口,让他轻松快速地学会了如何使用这窗口来避免麻烦事,包括他自己的行为的后果。如果他连他老师的告状信这么一个需要注意的严重的事情都能瞒天过海,我们可以十拿九稳地推测,他在许多更轻微的事发生时肯定也是照搬此法,依样画葫芦。

扎克在这里经历了情感忽视,他在学校的问题可能会由于他妈妈的成瘾而被忽略了。如果他成功地忽悠过去,他不会被叫出来做出解释,他也不会得到被理解的感觉。他不会学到如何承认自己的情绪,也不会学到如何描述这些情绪。相对地,他从他成瘾的妈妈身上学到的东西是如何避免承担后果和如何

"玩弄"他人。有趣的是，作为一个成年人的扎克可能不会记得他的老师的告状信这个事件。就算他想起来，也很可能是他会责怪自己这么狡猾，而不是他的妈妈在情感上忽视他。他会记得他自己做了什么，而不是他妈妈没有做到什么。

类型 6：抑郁型父母

让我们回顾一下我们刚刚提到的三年级的扎克，但他这次会有一个闷闷不乐的父母：

扎克

在回家的公交车上，扎克感到很害怕，因为他在学校里惹了麻烦。他知道他的爸爸可能在家里躺在沙发上，自从他失去了工作，他就一直那样躺着。当扎克走进门时，果然同他想的一样。他的爸爸正躺在沙发上，闭着眼睛，屋里只有电视上《ESPN 运动中心》热闹的背景音。扎克向他的爸爸打招呼并递给他告状信。他崇拜他的爸爸，但他不明白为什么爸爸什么事情也不做了。他的爸爸读着告状信，痛苦的表情浮上他的面颊。他的爸爸叹了口气："不要再这么做了，好吧，扎克？这样很不好。"扎克羞愧得满脸通红，因为他在学校的表现不好，让爸爸难过了。"我不会了，爸

> 爸。"他喃喃地说。他站在那里一会儿，似乎想说什么或是等待爸爸再说点什么，但他的爸爸闭上眼睛，又回到他的小睡中。扎克安静地走开了。

如果他抑郁的爸爸没有得到帮助，扎克的前景就不太好。他的成长将伴随这样的感觉：他必须是一个完美的孩子，以免使他的爸爸感觉更糟。这种模式可能会变成他根深蒂固的个性，使他成为不敢冒险闯荡、犯错误或允许自己是不完美的人。

抑郁型父母对养育子女的工作缺乏能量和热情。不像自恋型父母需求关注，抑郁型父母常常像是不存在。他开始转向自己的内部世界，专注于自己，一心想弄清楚他是怎么了，并担心他是否能撑住。他精力不振，也无法付出更多。他不再参与到他的家庭生活中，当他参与时，他也可能是易怒或闷闷不乐的。面对这一点，与抑郁型父母一起生活、成长起来的孩子们不知道如何以积极的方式得到大人的关注。表现好的行为会被忽视，而不当的行为至少能得到一些注意，不管是多么负面的注意。

这种类型情感忽视的后果有充分的文献记录。在学校，抑郁型父母的孩子比非抑郁型父母的孩子更容易被看成麻烦制造者，因为抑郁型父母很少能够提供安慰或鼓励，他们的孩子不知道如何自我抚慰，可能在青春期时转向药物或酒精，因为抑郁型父母常常被养育子女的普通要求压垮而深陷困境，只表现出放任,他们的孩子学不到他们自身是有价值的这个概念,所以成年后也有很大风险成为抑郁的人。最后,因为抑郁型父母对自己的行为没有足够的控制力,他们的孩子也有失控的风险。

玛戈

玛戈认为她是一个真正的狠角色。在 16 岁时,她被她的公立高中开除,原因是在女子浴室喝酒并给她的垒球队队员提供大麻。她现在在家接受教育。她告诉她的父母,她绝对没有停止参加派对的意思。当她的父母浅尝辄止地尝试给她设置限制,她通常会出逃跑去朋友的家。玛戈向她朋友的母亲倾诉她自己的父母对她是多么可怕,所以她们很同情她。不幸的是,玛戈的父母也是一幅无动于衷的样子,不去与其他父母解释,所以玛戈描述的所谓暴行成立了。在家里时,玛戈待在她自己房间和男人在 Skype 上视频聊天。她告诉她朋友,他们大胆地进行过视频性交,朋友们吓呆了。

玛戈的父母伊莱恩和布鲁斯都是好人。他们乐善好施,是教会的会员,对所有人都既善良又尊重。但玛戈的父母两个人都有不同方面的抑郁。他们比她的朋友的父母年纪大一点儿,在多年尝试生育治疗失败后领养了玛戈。他们有很多钱,这得感谢他们年轻时买的大量的早期微软股票,但是14年来伊莱恩一直尝试怀孕的经历,让她无法释怀。玛戈回家时经常发现她的母亲坐在沙发上,有时候仍穿着睡衣。这激怒了玛戈,她在这种时候蔑视并挑衅地看着她的母亲。她的父亲并不怎么管玛戈。自从他停止了工作,他感觉很空虚,没有任何目的,他会去图书馆上些课程打发时间。玛戈还记得自己小时候和父亲的一些欢乐的时光,但自从他的妻子变得更加抑郁,父亲也变得更加疏远了。因为伊莱恩不怎么做饭,他经常带外卖回家,但是他只是坐在他的躺椅上,陪在玛戈的母亲身旁,一边看电视一边打盹。

从八年级开始,玛戈曾经臆想过很多次如果她死了,她的父母将在她的葬礼上如何悲伤和后悔。当她难过时,想象她的父母和朋友的悲伤,至少在某种程度上对她有所帮助。她经常有这些想法,以至于她真的开始考虑自杀。她服药过量,结果先进了急诊室,然后进了一所精神科医院,她的父母似乎清醒过来一点了,终于开始注意到她。他们开始告诉她,他们爱她,睡前问她是否感觉到安全,这是心理学家已经告诉他们该这么做的。每次她在房间待太长时间,他们就会担心她,都要问她有没有事。至于玛戈,她终于得到了关注,棒极了!但是玛戈害怕一旦她得到太多快乐,他们就会停止担心,回到他们以前对她的方式。她认为这已经发生了。

你可能会很高兴地知道,事实上,玛戈的父母并没有变回情感上疏远和抑郁的状态。他们都得到了帮助,玛戈的治疗也正在进行中。

不是所有拥有抑郁型父母的家庭都像扎克或玛戈家一样极端。但是当抑郁型父母的不加注意和疏远这两种不良特性混合持续一段时间,不管多久,都会给成长中的孩子造成情感忽视。

类型 7:工作狂父母

"你在这里等你的保姆来"

工作狂热主义在我们的社会中经常被看作是积极的。电视节目《30块石头》相当好地描绘了工作狂——非常雄心勃勃的商人杰克·多纳吉（由亚历克·鲍德温扮演）。在一幕滑稽的场景里，他因工作压力而心脏病发作躺在医院病床上，苟延残喘时，他带着极大的感慨说："离死亡近在咫尺正是上帝在告诫我，我生活的一切都错了。"当蒂娜·菲饰演的角色倾身靠近他，以便更好地听到他即将传授的智慧时，他低声喃喃："我应该工作更长的时间，并把更多精力投入我的工作中。"

在我们的资本主义经济中，我们珍视努力工作和高薪水。在上述所有成瘾症状中（例如酒精、药物、购物或赌博），工作是唯一一个实际能给家庭带来收入的。工作狂通常是动机心强、成功的人，他们受到同事、家人及社区的崇敬和追捧。不幸的是，他们的孩子经常在默默地受苦。父母长时间工作，痴迷于他们的工作，给予孩子的需求与感受的精力相对不足。但更糟糕的是，工作狂的孩子几乎得不到别人的同情，因为他们有成功的父母、花不完的金钱和各种各样的好东西。通过贯彻他们的工作至上信条，工作狂向他们的孩子传达的信息是，他们的情感和需要不太重要（损害了他们孩子的自我价值）。因为不会积极参与到他们孩子的成就和胜利中，他们无意中传达了一个信息：那些成就轻如鸿毛（损害他们孩子的自尊心）。有些孩子在学校里故意出格：酗酒并吸食毒品，好引起他们父母的注意。另一些孩子成长为自我价值不足、自尊低下的人，并且不知道他们是怎么变成这样的。因为他们通常认为自己养尊处优,并没有被剥夺什么,对于他们内心的纠葛,他们只能责怪自己。自我价值低、低自尊和自责会迅速累积起来变成抑郁。

> ### 山姆
>
> 山姆在19岁时第一次来治疗,他就读于一所非常昂贵的私立学院,当时他大学一年级,他非常抑郁。他因为早上起床有着巨大困难而在大学学业困难,他经常斗志全无,整天睡觉,完全错过了他的课程。他十分厌恶自己,他是这样跟我描述的:"我真是可悲。父母他们那么努力工作,就为了给我一个比他们更好的生活,他们给了我一切,而我辜负了这一切,我没有任何借口。"
>
> 为了理解山姆为什么会这样,我们必须先了解他的父母。山姆的父母在高中相识,19岁他们就结婚了。他们都来自教育程度不高、贫困的家庭。虽然两个人都很聪明,但由于他们的家庭条件而没有机会去上大学。从他们结婚的那一刻起,他们就知道他们必须努力工作,才能为自己和自己的孩子创造一个体面的生活。山姆的父亲从建筑工人一路干到全国层面的高管。虽然这需要他经常旅行,但他的薪水提升得远远超出他的想象。同时,山姆的母亲一开始在连锁酒店的前台工作,她也一路高升,最终成为公

> 司 CEO 的执行助理，拥有一份非常丰厚的薪水。不幸的是，她的工作要保证她对 CEO 随叫随到。这就意味着频繁的半夜电话、开会延时直到深夜，和经常的临时决定的商务旅行。山姆的父母事业越做越好，他们就越来越兴奋，也越来越投入到工作中去。他们正在实现远超出他们最疯狂的想象的成就，在他们身上没有一点迹象表明他们可以停下来，甚至慢下来。
>
> 随着他父母的工作越做越好，山姆逐渐地失去了他的父母。山姆、他的父母和其他人都经常会说山姆是多么幸运，因为他们家不断更换更大的房子，购买更好的汽车。他9岁时，他的父母给他雇用了第一个保姆。人人都可以看到山姆得到了些什么东西，但人们看不到的是，他渐渐地失去了他的父母。从9岁到19岁之间，山姆从一个拥有两个爱他、关心他的父母的小孩变成了一个由保姆养育大的学生，现在被指望着在大学里茁壮成长。

每个人都知道，如果一个孩子的父母去世了，孩子会遭受悲伤、失落，可能还会得抑郁症。没有人会想到同样的事也会发生在父母因追求成功而让孩子失去他们的情况。因为山姆没有意识到，他失去了他的父母，他无法理解他的悲伤和抑郁症状。他自然地认为一定是他自己有问题。这让还只是一个少年的他对自己有很多愤怒、埋怨和感到自我价值不足，直至在他成年后，情况仍然如此。

> **扎克**
>
> 扎克走进他美丽宽敞的家，并把告状信交给他的父亲，而他的父亲只是恰巧路过门口，正要换衣服去参加晚上的会议，他的母亲此时也在外商务旅行。他的父亲从眼镜上方带着失望的神色看着扎克："这可不好，扎克。对不起，我现在要赶去我的会议，但我会把这个字条交给崔西（保姆），她今晚会就此和你谈谈。"

你可能想知道这个场景到底哪里出错了。毕竟扎克有一个美丽的家，一个明显关心他、只是很忙碌的父亲，和一个专门照顾他的保姆。但可悲的事实是，即使保姆人再好，她也能够与扎克形成情感共鸣，这仍然是一种情感忽视，因为扎克的父亲把问题推给了保姆，这响亮清楚地表示着，他的工作比扎克自己的生活更重要。往后的日子里，扎克很可能这样回忆起这些事情：他父亲并非不友好的反应、他保姆和他的谈话，甚至有可能他也多多少少从中学到了东西。他不会意识到或记得他的父亲没能从工作中抽出时间亲自来跟他讨论他的告状信，或者那天他从父亲那里收到的"被轻视"的信息。相反，他只会感到自惭形秽。他有机会应对和理解那些"发生的"事情，但他不可能应对那些他无从记起的"没有发生的"事。

类型 8：照顾伤病家属的父母

再没有哪一个类别的父母，像家庭中有病人或残疾人的父母那样，更值得在这本专门讨论情感忽视的书中编撰成章了。他们确实存在，这不能怪他们，只是老天给他们出了一道天大的难题。听听为人父母的汤姆和帕蒂与他们 13 岁的女儿、3 个孩子中最小的米兰达的对话吧。

"你帮了我们很大的忙，米兰达。"她的爸爸汤姆说道。

"对极了，"帕蒂补充道，"我知道最近大家都特别辛苦，帕特里克回到儿童医院，在身体里放进新的分流器。你的哥哥史蒂文就知道抱怨，而你没有！你是我们坚实的后盾！"

下面是史密斯家的交谈，杰克 10 岁的哥哥患有行为和情感相关的自闭症问题：

"我知道托德随便拿你的东西让你很沮丧，"杰克的爸爸告诉他，"最近他换药后，我们要一直忍受他大吵大闹，我知道这很难。我很抱歉我们的篮球比赛被打断了，但是妈妈需要我帮忙照顾托德。你应该得到更好的照顾，但杰克你懂的，现在我们需要彼此善待，保持耐心。托德在生活上无法自理，你的妈妈和我正在尽最大的努力。一切都会好起来的。"

最后,让我们看看扎克家发生的事:

> 扎克蹑手蹑脚地从厨房进了房子,纱门砰地关上。他此刻非常害怕,因为他知道他必须给他妈妈看他的老师写的告状信。扎克感到很害怕,因为他妈妈还有另一个负担必须应对(他哥哥),她已经不堪重负了。很快,扎克的妈妈从房子的另一边走出来,手指压在嘴唇上:"嘘,扎克!你爸爸睡着了,昨天他一晚没睡好。"起先,扎克感觉心头一阵轻松。他希望他的爸爸睡着了,这样他就只需要应付他妈妈一个人对告状信的反应。但是这解脱感迅速被耻辱感所取代了:"爸爸生病了,我心里却只想着自己,我真是一个坏蛋。"

当孩子在一个亲人有严重疾病的家庭中长大时,无论病的是父母或兄弟姐妹,通常给予那个孩子的照顾总是打折扣的。汤姆、杰克和扎克都是不能完全做自己。注意这里扎克对发生的事和自己的正常的感觉感到内疚(带告状信回家,但希望能避免麻烦)。

作为照顾者的父母自己无能为力时,通常会有意无意地指望着孩子来无私地帮助。在这样的家庭中的孩子或父母经常处于危机状态。例如,当父母经常前往医院,情感被忽视的孩子只能自己热一顿冷冻的晚餐,独坐在电视前面吃;或者孩子发现自己总不断地听到一些他本不应该听到的医学术语，就算听到也不明白；孩子乘坐别人的父母的车去参加足球比赛；他已经习惯了因一点小事就惹怒父母。

有病患的家庭的父母通常会意识到这些对另外的健康的孩子有一定影响。他们会查看他，试着询问他怎么样，并提供他们可以提供的支持。他们非常清楚地意识到花在病号家庭成员上的时间过多，也会为此担心。所以这些父母看起来最不像会在情感上忽视他们那个健康的孩子的父母。但多项研究评估了有病人的家庭中父母和健康儿童的想法。在这些研究中，父母和健康的孩子被要求评估这个健康的孩子过得怎样。结果一致地表明，父母觉得他们健康的孩子过得"不错"，但就是这个"不错"的孩子却非常负面地看待自己。结论呢？当父母无力改变在他们孩子生活中的坏事时，他们往往最小化那些负面事物的影响。这些父母不仅在潜意识中淡化他们孩子的痛苦，也会在无意中苛求孩子表现出他并不真正具备的成熟。他们经常需要也期望他们的健康的孩子富有同情心、无私，并像他们一样耐心。

有时，家庭疾病影响着孩子的整个童年。在这样的情况下，孩子很可能发展出像模像样的准成人行为，但等到青春期就会崩溃：

斯图尔特

斯图尔特的父亲和母亲带他来治疗，他们说他在 15 岁时变得"非常消极"。最初几次见面，他几乎无声地拒绝多说一句话，不满他一直被迫来这里。我立即看出来，斯图尔特的父母为斯图尔特的哥哥拉里操心劳神，他有一种疾病，使他非常易受感染。我能看到在尝试与他父母的面谈中了解斯图尔特的成长历史时，斯图尔特的父母总是把话题拉回到拉里，而且没有意识到自己这样做。从那以后，我就知道斯图尔特像许多其他患病的孩子的兄弟姐妹一样，多年来压抑他的消极情绪和自己的情感需要。

在我看来，这很清楚，斯图尔特终于到达了他的极限（情感崩溃）。他的面具崩溃了，他不能再装成"没事"了。斯图尔特坚忍态度的瓦解是不可避免的，但他的父母觉得太奇怪了。他们想知道他们乐于助人的好儿子去哪儿了，他们带他去治疗是为了"修复"他的消极态度。

与我单独约见了几次后，斯图尔特开始说话。他向我解释说，他不带朋友回家玩，因为他感到内疚，他可以有正常的友谊，而拉里不能。他也很担心他的朋友可能不理解拉里的一些古怪行为，然后他会为他的哥哥感到尴尬而内疚，他爱他。

所以即使他此刻在我的办公室里，也在为带给他父母更多麻烦而内疚，他极其需要关注，也怨恨他们看不出他的悲伤，这一切他都无法言说。在几次面谈后，有一次斯图尔特在家里和父母发生了一次口角，他对他们发了脾气，

> 他的父母告诉我，治疗"使斯图尔特更糟糕"。我鼓励斯图尔特聊聊这件事，他不假思索地脱口而出："一切都是围着拉里转。你们甚至早早离开我的全明星赛，去拿他的药！"他的父母开始不同意，说他们只早离开了几分钟，他太敏感了。到这点上，我坚决地进行干预："这正是问题所在。斯图尔特并不是真的不能说他的感受，但当他说出来的时候，你们又说他太敏感。拉里不是唯一需要帮助的孩子，但你们帮助拉里的良好意图干扰了你们抚养斯图尔特的能力。你们让他感觉到有需要和有脾气是有罪的。"

在我办公室的这个艰难时刻成了斯图尔特的转折点。幸运的是，这对家长最终能够理解拉里的疾病长时间以来阻碍了斯图尔特的社交和情绪，使他感到内疚、愤怒和悲伤。虽然他们带斯图尔特来治疗是希望他能改变，但没想到的是他们自己的变化和斯图尔特的变化一样大，甚至更强烈。

他们没有注意到斯图尔特苦恼的原因，是因为他在成长中没有给他们带来任何麻烦。斯图尔特的父母终于意识到了，他们对他的期望就是别惹麻烦，而这是因他哥哥的疾病而催生出的期望。有了这个意识，斯图尔特的父母开始花心思更注重他的需求和感受。如果他们能够在斯图尔特的整个青春期继续努力，那么早前情绪忽视的影响是可以逆转的，斯图尔特长大后还可以变得快乐和健康。

类型 9：成就/完美导向型父母

成就/完美导向型父母们好像从来都不满足。如果他的孩子拿着全 A 的成绩单回家，他会说"下一次，我希望看到的会是 A+"。这种家长与我们曾经讲到的自恋型家长有几个共同点。事实上，他们之间许多行为都很相似。很多自恋的父母都是专注于完美，因为他们指望孩子的光环照耀他们自己——换句话说，"如果我的孩子得了全优，这会让我显得高人一等"。绝大多数成就/完美导向型父母（Achievement/Perfection parents，我们简称为 AP 父母）都渴望这种"光环效应"，但也并不总是如此。AP 父母的动机各有不同。

并非所有的 AP 父母都会在情感上忽视子女。许多奥运会运动员、钢琴演奏家和职业棒球球员的父母可能也算是 AP 型，因为他们坚信自己的孩子是最好的并倾力支持他。但分辨一个 AP 家长是否有情感忽视的关键点在于：支持。健康的 AP 父母支持他们的孩子想要实现的事业。不健康的 AP 父母向孩子施压，强迫他们达成家长自己的期望。

一些 AP 父母强迫子女达到某些成就，是因为他们拼命地想为自己的孩子创造他们当年不具备的机会。许多人是出于他们自己必须是完美的这种感觉；一些人则试图把子女的生活当成自己的生活。尽管如此，其他 AP 的父母可能仅仅按照他们自己被抚养的方式来抚养他们的孩子，因为这是他们所知道的唯一方式。

当小扎克把老师的告状信给他的 AP 型妈妈时，你猜她会说什么？

扎克

"扎克，你怎么能在学校这样表现？现在罗洛老师可能会改变主意，不会给你写推荐信，不会帮你申请你梦寐以求的儿童学校！我们需要给罗洛老师打电话，把这事圆过去。"

或 AP 妈妈 2 号：

"扎克，你应该知道怎样做的，而不是在你的手指尖顶个铅笔玩！罗洛老师说得对。如果你戳到自己，你还怎么弹钢琴？如果你都看不到了，你还怎么练习？！"

或 AP 妈妈 3 号：

"扎克，你太让我失望了。我牺牲了这么多，才能让你读这个昂贵的学校。如果罗洛老师开始觉得你是一个问题学生，这会毁了我为你做的一切。你要想想你的未来！"

这里值得注意的是，所有这三个反应似乎都表明妈妈关心着扎克的前途。这些 AP 型的母亲显然关心他们的孩子，想要为他提供最好的一切。但问题是所有三个母亲都在他们的反馈上情感忽视了扎克。这些反馈都没有注意到扎克需要学会控制他的冲动，也都没有提及扎克最近总感觉被他的哥哥姐姐当作一个婴儿。这些反馈没有一个能跟真正对扎克重要的事情联系上。所有的反馈都源自父母的需要，而不是扎克的。他们帮扎克规划未来，但他还太小，不会关心自己的未来，甚至还不理解。他们剥夺了扎克了解自己的天性和感受的机会，以及学习如何与权威角色相处的机会。经过一段时间，为了内化简单的原则，"做个好孩子，你才能成功"，扎克将不得不压抑更多他自己的需求和情感。在儿童时期这可能行得通，但当他进入青春期和成年后，他会缺少某些内在的东西：自我认识、情感意识和自我关爱。

蒂姆

毫不夸张地说,蒂姆是被妻子崔西拖过来做心理咨询的。在我们的第一次面谈时,我很难让蒂姆打开话匣。好不容易他说话了,他只吐露了一件事:他对自己和崔西感到失望。"我们彼此爱着对方,这应该就够了,但崔西永远不知满足。"他说。当我请他做详细说明的时候,他只说:"我不明白为什么她不能让过去的事过去。为什么她就不能开心点?"

如果我单从表面理解这些话,我可能会暗自揣测,崔西这人肯定有点难以相处。但是,与许多夫妇打交道后,我知道这些话后面肯定还有更多的故事。当我问崔西问题时,她开始哭泣,将她把带丈夫来做心理治疗的原因一一道来。

"蒂姆说他对我们的婚姻很满意,但他看上去并不快乐。他工作结束回家时总是很烦躁不安。他是一个出色的父亲,但有时当孩子们举止表现得稍微有点不完美时,他就对他们凶巴巴的。他总是对自己失望。只有四十岁出头,他已经在他公司当上了副总裁,但他仍然觉得不够,因为他认为他现在应该是 CEO。当我试着和他谈话时,他完全不想谈。我知道他很痛苦,我想帮忙但却没办法。事到如今,我爱他,但我不能过这样的日子了。请帮助我们,让我们可以继续在一起过下去。"

让我们在这暂停一下,为蒂姆考虑一下。在我们第一次会谈的前 15 分钟,我已经强烈怀疑他小时候被情感忽视过。这是我可以看到的他在情感上被忽视的迹象(当你阅读第 3 章,你会学到更多这些迹象):

- 烦躁。
- 完美主义,他缺乏对他孩子犯错的容忍。
- 缺乏情感辨识能力,证据就是那句"为什么她就不能开心点?"
- 反依赖,表现为对自己需要帮助而感到失望,以及他拒绝接受崔西的帮助。
- 缺乏对他自己的同情,因为崔西提到蒂姆认为他担任副总裁而不是 CEO,他是无能的。

> 在六七次夫妇一起约谈后,蒂姆终于愿意进行一些单独约谈。在那些谈话中,我发现蒂姆的父母虽然爱他,但只给他提出一个主要人生目标:成功。他儿时的压力、挣扎、成就和能力都被他的父母透过"未来"的镜头来衡量。蒂姆学得很好:他的情感、需要和体验都是些不相关的琐事,真正重要的只有:"这对你的未来意味着什么?"蒂姆成年后,结婚并拥有了他自己的孩子,但对自己知之甚少,比如他自己的情绪,或如何与人产生连接,包括如何面对他的妻子。

幸运的是，因为蒂姆能够打开心扉并与我分享所有这一切，我们才能够解决它。经过多次单独谈话后，他终于能够把他新发现的自我接受、同情和包容应用到他的婚姻和与孩子的相处中。

AP 型父母这样对待一个孩子，使他的感受和情感的需求变得无关紧要，他的个人深层的部分被拒绝了。他被拒绝的那一部分变成了锁在房间里的大象[一]。没有人想看到或听到它，但那部分是她最本真的一面。这些孩子要想适应家人、与家人相处并在这样的家庭中成长的唯一方式，就是参与这场情感否认，假装他们的情感自我不存在。难怪被情感忽视的孩子长大后总感觉在自我感知中有一个情感空洞，他们缺乏对自己的爱，也缺少在情感上与他人共鸣的能力。

类型 10：反社会型父母

这可能是我在这本书中谈论的最让人意想不到的一种类型的家长。即使你 100% 确定此类别对你不适用，我还是建议你阅读这一章。

当你听到"反社会"一词时，你的脑海中最先浮现出谁？汉尼拔（《沉默的羔羊》）？托尼·索普拉诺（《黑道家族》）？墨索里尼（意大利独裁者）？这些确实是标志性的代表人物。但他们是最极端的、富有戏剧性的，也是明显的反社会人士。

[一] 美语环境中"房间里的大象"意指重要但被忽视的问题。——译者注

我们感兴趣的反社会特质和前面所述是不同的。这种反社会的人很可能永远不会犯罪，从来没在监狱呆过，跟明显的反社会的人相比，他们看起来真是太普通了。这种反社会型人可能就是你的邻居、你的兄弟、你的母亲或你的父亲。他可以隐藏在完美假象的背后：一份优秀的工作，或者是慈善工作，甚至是家长会。大多数人绝不会想到这个人是一个反社会分子。事实上，他可能非常吸引人，非常有魅力。他可能是众人敬仰的对象，看起来无私，对人很友好善良，但内心深处，他不同于我们其他人。多数情况下，没有人能看到有什么不对的地方，除了最亲近他的人。通常他的孩子能够感觉到，但这并不意味着他们能理解反社会意味着什么。

反社会者有一个不同于我们其他人的主要特点。这个特点可以用一个词来表达：良心。简单地说，反社会者没有内疚感。正因为如此，他几乎可以肆意妄为而没有任何内心的煎熬。反社会者可以信口开河或随心所欲地行事，却不会在第二天感觉不好，永远不会。与缺乏内疚感伴随而来的是深深地缺乏同情心。对于反社会者而言，其他人的感觉是无意义的，因为他没有与他人感同身受的能力。事实上，反社会者与我们其他人对事物和对人的感觉大相径庭。他们的情绪在一个非常不同的系统下运行，这个系统围绕着如何控制别人。如果反社会者成功地控制你，他实际上可能会对你有一点爱。换句话说，如果他不能控制你，他就会藐视你。他用下作的手段达成他的目的，如果这行不通，他就会欺负你。如果失败了，他会试图伤害你来进行报复。

没有良心的约束，反社会者可以使用任何下三烂的手段达成她的目的。她可以粗言秽语，她也可以谎话连篇。她为实现自己的目的而扭曲他人的话。当事情不顺时她会责怪别人。既然责怪别人更容易，那就没有必要承认她自己的错误。反社会者发现了假装"受害者"非常有价值，并像艺术家般娴熟于此道。

据玛莎·斯托特博士写的《当良知沉睡：辨认身边的反社会人格者》[一]一书，你识别反社会者的唯一可靠的办法是：当一个人故意伤害你，却表现得一如既往，好像他们没做任何错事，就好像你不应该感到受伤。如果有人反复这样对你，你就应该考虑你可能是在与反社会者打交道。

当这个人是你的父母时，这种认识令人难以置信地痛苦，但当你清醒地认识到这一点之后，你也会释然进而改变生活。通常反社会者的孩子们绝望地试图理解他父母的行为。他们会极具创意地试图解释那些常人无法理解的行为。以下是我听到的反社会者的子女成年后常说起的许多借口中的几个，用于试图开脱他们父母的伤人的、不光彩的或残忍无情的行为：

"他有焦虑症"

"她不是真的这么想"

"她的头脑出了问题"

"他只是太关心了"

[一] 本书已由机械工业出版社华章心理出版。——编者注

"她控制不了自己"

"他有一个不幸的童年"

为了更好地理解这些成年后的孩子为何想要打圆场，让我们再次看看扎克，在他把告状信给他的反社会者母亲后，发生了什么。

扎克

扎克看着他的母亲读告状信。她一边看着，一边将嘴唇抿成又薄又硬的线，非常不愉快。

"什么？！你怎么能这样做，扎克？你在学校就是这样表现的，太让我丢脸了。"

扎克的眼泪在眼眶里打转。"我……"他张口想说什么。

他的母亲打断他："没你说话的份儿。你别说话，你也别看我。回你房间去抄写'我再也不在学校惹麻烦了'50遍，你最好写成草书，必须写得好看。你完成前我不想看到你的脸，你今天没有晚饭吃。"

他在房间里花了4个小时，写了哭，哭了写，扎克费尽心思写了20遍，也都不是草书。他感到冰冷的恐惧缠绕着他的心，因为他知道，要是他的母亲看到他用印刷体书写，她肯定会被激怒。这没有用，但是，在他这个年龄还远远没能掌握草书，学校里只是刚刚简单介绍过。但他饿了，悲伤又感到极度内疚，他惹得母亲这么生气。他在

> 信纸的底部为他的母亲画了一个心，小心翼翼地冒险从他的房间走出来，来到他的母亲看电视的地方。"妈妈，我写了20遍了。我保证不会再惹麻烦了。求你可以让我别再写了吗？"他温顺地说。扎克的母亲目不转睛地盯着电视，她看不到他的一头乱发，疲惫又带着泪痕的面容。"马上回你的房间去，"她怒吼着，"否则真得给你点儿颜色看看。谁叫你出来的？我说过写完才能出来，你给我进屋去再多写10次。"她气势汹汹地站起来走向扎克。扎克知道是时候撤退了。他跑回他的房间，一头埋在床上哭到睡着为止。

注意在这个互动中，扎克的母亲已经展现出对自己孩子极端的缺乏理解。她不知道他成长中可以做到什么和做不到什么（完全不管他能不能写得那么多或会不会写草书），也不顾他的感受（共情）。她也显示了一种极端而不健康的需要，即用力量压制他（控制）。此外，她表现得残忍而且故意伤害她儿子的感情，近乎虐待狂（享受伤害他人的快感）。虽然态度极端和苛刻惩罚是反社会者的标志，但并不是所有的反社会父母都必然导致极端后果。有些人不给予惩罚而是通过其他方式来对子女进行控制，比如利用内疚或幕后操纵。所有的反社会父母都有个共同点，对他们来说，抚养一个孩子与其他一切事没啥两样：都是关于权力和控制的。

华莱士

47 岁的华莱士来治疗时,他年迈的父亲刚刚去世。但他不是因为悲伤来寻求帮助,而是因为与他母亲的关系产生的内疚感成了他沉重的负担而来。华莱士住在离他的父母两个小时路程的地方,但在过去二十年里,他只每年看望他们一次,甚至更少。当我与他探讨这一点时,很显然他只要一想起来就感到愧疚。他告诉我,因为没有经常看望父母,他觉得自己像一个最不体贴和最不感恩的儿子,然而他又说,几乎每次探望他们后,他就变得抑郁或身体不适。"这让我不想去那里。此外,我的妻子也真的很讨厌去拜访。可能是因为我的妈妈不喜欢她。"

华莱士说他刚刚去世的父亲是个工作狂,很多时候都不在身边,也没怎么参与他的人生。他把他的母亲描述为一个"难缠的人"。我问华莱士为什么会下这样的结论,他解释说:"无论我做什么,对她来说都不够。她厌恶我的妻子,我觉得这主要是因为她觉得我的妻子从她手里夺走了我。"华莱士解释说,他的母亲觉得他探访得这么少,是一个自私的人,每次他们谈话或见到对方时,她总是直接或间接地这样告诉他。多年来,她通过各种手段向他表示她对他不关心她的失望。

他给我讲了一个故事,简而言之,显示了他母亲的反社会性格:

在一个圣诞节，华莱士、他的妻子和孩子们决定硬着头皮，满足母亲的愿望。他们有一年没去拜访他的父母了，知道他们需要在他母亲用心准备的圣诞晚宴上装装样子。华莱士的母亲很高兴他来了，甚至做了他童年最爱的那道甘薯。这次探访似乎异常顺利，直到打开礼物的时候。当孙子们兴奋地撕开精美的包裹，看他们的祖父母送了他们什么礼物时，华莱士的心沉了，他意识到他的母亲再次表示了对他不关注她的失望。这一次她送给她的其他的孙辈们昂贵的新 iPod㊀，而只给华莱士的孩子便宜的塑料玩具相机，通过这样她再次表明了自己的观点。华莱士的孩子们礼貌地表示感谢他们的祖父母，但是华莱士看得出来，他们感到迷惑也很受伤，因为他们和他们的表兄弟们收到的礼物有如此巨大的差距。

　　那天晚些时候他有机会私下与他的孩子聊聊天，华莱士试着向他们解释礼物的不平等。他告诉他们，祖父母是老人，没有意识到那些礼物有什么不同，但他觉得这是一个他不能放过的事。他知道他必须就此事当面与他的母亲对峙，他看到她单独在厨房里时就问她是否借礼物试图告诉他什么。"圣诞节对你来说就只是在于礼物有多昂贵吗，华莱士？你除了钱从来什么也不关心。如果你开心的话，明年我一定会给你的孩子花更多的钱。"然后她接着说，"我

㊀ 一种便携式音乐播放器。——译者注

> 想我就不该对从来都不来看望自己父母的人有什么期待。"
>
> 那天晚上在圣诞晚餐上，华莱士的母亲表现得好像什么都没发生的样子。她表现得好像圣诞节很快乐，好像一切都很好，并期望华莱士也这样"快乐"。

在这个他成年后的故事中，她展现出了所有反社会者的特征：试图通过不光彩的手段控制他、恶意攻击他，然后表现得好像这种攻击根本没有发生过，自己装成受害者（被忽视的母亲），并责怪华莱士（自私的儿子）。此外，她不惜伤害她的孙子，也要伤害到她的儿子。

随着华莱士和我一起努力治疗，他能够认识到他感受到的内疚是错位的。他的母亲（和他的父亲，一个不介入、不干预的父亲）通过这些贯穿他整个童年、青春期和成年的控制、惩罚行为让他迷失了自我。他在看望母亲期间心情抑郁并感到不适，因为他不明白到底发生了什么。他正在吞下他母亲的毒药，因为他从小这样长大，无法看清事实真相，只能责备自己。认识到他的母亲的反社会特征能帮助他理解到，他需要以任何必要的手段保护自己和他的孩子。他接下来的人生豁然开朗，不再被错位的罪恶感缚手缚脚。

如果你有任何关于你父母（或者任何你生活中遇到的人）可能是反社会型人格的问题，可以查找更多关于《当良知沉睡：辨认身边的反社会人格者》的信息。

类型 11：孩子即父母

实际上，这类型的父母允许、鼓励或强迫他的孩子表现得像是一个成年的家长一样，而不是孩子。有时这个孩子必须照顾他自己，有时他必须照顾他的兄弟姐妹。在极端情况下，他甚至必须像家长一样照顾自己的父母。在绝大多数这种家庭里存在一种迫使孩子一夜成人的极端情况。在有些我们已经谈到过的父母类型中，就有这种极端例子的家庭。举例来说，单亲家庭，或者家庭中有病人、有成瘾的人或有抑郁的父母。又例如一个家庭经济状况堪忧，父母双方都被迫长时间工作。综上所述的各种理由，导致父母无法完成他们的职责，继而让子女替代他们成为照料者。

> ### 扎克
> 三年级的扎克在回家路上，口袋里装着老师的告状信。他尽全力地飞奔，因为他知道必须在邻居把他 5 岁的妹妹从幼儿园送回家之前回家。她还太小不能独自在家，而妈妈要在当地的便利店做收银工作到晚上八点才能回家。扎克根本一点也不担心他的信，他知道妈妈不会因为这难过，她知道儿子是很负责任的。她依靠着他，信任他照顾他的妹妹，在她回家前，儿子为她们做花生酱三明治当晚餐，帮他妹妹穿好睡衣。她不会冲他嚷嚷或为此担忧的。

扎克对他母亲的反应毫不关心，可见他已不再视自己为儿童。他照顾妹妹，实际上是在履行一个成年人的义务，同时这些义务赋予了他一种与母亲不相上下的权威和力量。缺失了这种父母／子女的界限，扎克在这次学校里发生的事上学不到任何东西。扎克本质上失去了自己的童年，这使得他青春期时具有更高的叛逆的风险。除非生活处境有所改变，他长大后将非常可能成长为责任心过度，但却不了解自己的感觉，不知道自己想要什么，也不知该在乎什么的人。这是一种情感空缺，缺失情感连接的症状，许多经历过情感忽视的成年人都曾体验过。

值得注意的是，这里有一个关键的要点：

> 在一个经历逆境的家庭中，无论是单亲家庭，还是有家人长期患病，或者是经济困难，这些情况并不等同于情感忽视。许多父母面临这些挑战的同时，也还是能够与他们的子女共鸣，提供他们需要的情感连接以及关注，使他们成人后能够感受到与人相通、自我完满。事实上，花很多时间与你的孩子在一起甚至不是防止情感忽视的必要条件。你可以不必花费大量的时间，也能了解孩子的感受，帮他理解自己，与他产生共鸣。时间自然有所帮助，但即便缺少时间也有办法克服。

为了阐述这个重要观点，让我们重访莎莉。

> **莎莉**
>
> 记得莎莉吗？我们在类型 4 的离异 / 丧偶型父母中讲过。莎莉的父亲在她年幼时因为癌症去世。失去父亲对她成人后的个性与思维造成了非常大的影响。要知道没有人告诉孩子们，他们的父亲可能会死。是莎莉的姐姐告知她"爸爸走了"，而不是她妈妈。在莎莉父亲去世后，她妈妈极少提到他。在需要父母关爱的关键时期，孩子被迫单独在家，因为他们的母亲必须长时间工作以维持家庭开支。

你认为是这个故事的哪些方面导致莎莉成年后的空虚感，和她生活在没有色彩的世界里的感觉？她父亲的去世？她母亲夜以继日的工作？随之而来的经济困境？

以上哪个答案都不对。所有这些只是发生的事件、意外。但意外事件本身并不会导致情感忽视。如果莎莉的妈妈，在她自己的沉痛悲伤之外，还能顾及她孩子的情感需求，情况将会截然不同。

造成莎莉被情感忽视的原因不是因为她父亲的去世，也不是在她父亲去世后发生的一切。原因恰恰是因为在她父亲去世之前以及之后所没有发生的事：她的父母完全不跟孩子提及父亲的病情，孩子对即将到来的事（父亲久病以及去世）没有情感上的准备；没有人小心谨慎、细致温柔地传达死亡的消息；家里人都没有注意到孩子们的不解、震惊和悲伤；大人们不让孩子们谈起和分享他们对父亲的怀念,不曾让他们理清思绪也没能给予相互的情感支持。

所有这些要素都是某种程度的缺失。他们是家庭合影中的空白画面,是背景而不是前景。这正是莎莉作为一个成年人想看清自己为何有如此多的困难而又无法理解的原因。

类型 12:"都是为你好"型父母

即便是最充满爱心与包容的父母也会对孩子有情感忽视。正如在这个章节开头提到的,"都是为你好"型父母很可能是构成情感忽视父母的最大类群。在阅读了所有这些不同类型的情感忽视的父母后,你可能正慢慢认识到为何有爱心与包容的父母也会对孩子有情感忽视。父母爱子女并全心全意为他好却对孩子情感忽视,这是完全可能的。事实是,爱你的孩子和能与孩子产生情感共鸣是完全不同的。要孩子健康地成长,只是爱他是不够的。父母要想能够与他们的孩子产生情感共鸣,他自己必须是一个认识并理解大部分情绪的人。他要会细心观察,才能看到他的孩子在成长中什么能做和什么不能做。要真正了解他的孩子,他必须有意愿也有能力投入努力和精力。任何用意良好的父母如果缺乏以上任何一点,都有可能在情感上辜负自己的孩子。

为了更好地了解"都是为你好"型父母是如何产生并重复

相应的行为的，让我们来最后一次看看扎克。

> ### 扎克
>
> 扎克回到家，口袋中揣着老师的告状信。他妈妈正在客厅里看肥皂剧。"嗨，扎克，学校里怎么样？"她隔着房间对扎克问道。当他走进客厅，紧张地想给她口袋里的信时，她让他等一会儿，直到进广告。他手中拿着信站了一会儿，然后回他的卧室去玩电子游戏了，他把信放在了桌子上。第二天妈妈进他房间来放一些洗好的衣服时发现了桌上的信。她读了一下，觉得一阵心烦，但她转念一想："嗨，罗洛老师肯定是反应过度了。"就把信的事和问题本身都抛诸脑后了。

在这个例子中，扎克的妈妈虽然是一个慈爱的母亲，但她并不关注生活中的情感层面。在扎克就要给她老师的信时，她一点儿也没有察觉到他的情绪，无论是焦虑或是惊愕。她看不出来是否需要担心他在学校里尊不尊重人，因为她看不懂行为、感觉和人际关系之间的联系（在这里指扎克和罗洛老师之间的关系）。她觉得罗洛老师的感觉没有任何意义，认为那是"过度反应"。这些都表明她是一个对情感世界没有认识或没有接触的人，一直生活在生命的表层。

我们在本书中已经谈到的许多父母除了属于自己的类型外，都很可能同时属于这个类型。让我们回头来看看我们已经讨论过的哪些父母可能是"都是为你好"型。

- 索菲亚,约瑟夫和芮内的专制型父母。许多专制的父母自己都被同样的父母抚养长大。他们爱孩子,但他们头脑中只知道专制的教育方法。
- 萨曼莎和艾力的放纵型父母错误地相信爱孩子就是随他们所愿。
- 莎莉悲伤的母亲爱她的孩子,也尽她所能去照顾他们。她只是缺乏在情感上与孩子产生共鸣或帮助他们处理情绪的技巧。很有可能她自己的父母也没有教她这些技巧。
- 玛戈的抑郁型父母很明显是爱她的。他们意识不到在养育玛戈时缺少了些什么,很可能是因为他们的父母在养育他们的时候也缺失了这些。
- 山姆的工作狂父母想给他提供最好的一切。他们错误地认为物质财富能给他带来一个幸福美满的童年。
- 蒂姆的成就/完美导向型父母在培养他的过程中如此要求他,于是他对自己的孩子也是这样要求。

这些用意良好的人都不知道,他们没有给他们的孩子提供一个快乐、有情感连接的生活所必需的养料。他们每个人都只是在重复他们在自己的童年所经历的东西。

情感忽视的一个不幸的特点是,它会自我传播。情感上被忽视的孩子长大后会形成一个对他们自己以及他人的情感盲点。当他们自己成为父母，他们不明白自己孩子的情绪，他们抚养的孩子都会有相同的盲点，继而重蹈覆辙。

　　本书中将给出更多"都是为你好"型父母的例子。阅读第二部分时，看看你是否能够认出他们。

为什么其他人看起来比我快乐?为什么付出比接受更容易?为什么我和亲人感觉不亲近?我缺少了什么?

第二部分
燃料耗尽

被忽视的孩子,长大了

○ ○ ○ ○ ○ ○ ○

他们乐于付出,却很难接受,他们倾向于紧紧地守护内心空虚的秘密。其他人很难注意到他们缺少了什么,只有在他们的生活中最亲近的人才能看到最细小的一点迹象。

若将童年比作是一幢房子的地基，成年人则好比是整幢房子。当然在一个有缺陷的地基上也完全有可能建成一幢房子，而且事实上它看起来没啥问题，跟建在好的地基上的房子看起来一样，但如果地基是破裂、凹凸不平或虚弱的，它将无法为房屋提供支撑和安全。这个缺陷并不显眼，但它会使房屋结构本身面临风险：一股强风吹过，它就会倒塌下来。

经历过情感忽视的人成年后表面看起来也很正常，但是他们通常意识不到自身根基的结构缺陷，他们也不知道他们的童年对自己仍在发挥作用。相反，无论他们在生活中遇到什么困难，他们都倾向于责备自己。**为什么其他人看起来比我快乐？为什么付出比接受更容易？为什么我和亲人感觉不亲近？我缺少了什么？**

你会在接下来的故事中看到很多人——聪明、讨人喜欢又可爱的人，他们反反复复地问自己这些问题。他们乐于付出，却很难接受，他们倾向于紧紧地守护内心空虚的秘密。其他人很难注意到他们缺少了什么，只有在他们的生活中最亲近的人才能看到最细小的一点迹象。

每个人的经历都是不同的。世界上有60亿人，没有哪两个人的故事是一样的。但有关情感忽视，我能看到这些人成年后会出现某些共同的特征。在本章中，我们将介绍其中的一些特征，它们是：

1. 空虚感

2. 反依赖

3. 不切实际的自我评价

4. 对自己毫无同情，对他人满怀同情

5. 负罪感和羞耻感：我到底怎么了

6. 对自己生气，自责

7. 感到自己有致命缺陷（如果人们真正了解我，他们不会喜欢我）

8. 难以关爱自己和他人

9. 自我约束能力差

10. 述情障碍：对情绪的认识和理解不足

人们体验到这些感觉的原因是他们所独有的生活经历，但各种各样的问题之间有着共同的内在联系。你会听到劳拉的故事，她的父母多年来对多个朋友的自杀不予任何回应，使她相信她也不应该回应。我也会告诉你乔什的故事，他的母亲是如此忙于经营她的事业，以致她没有给他任何积极或消极的反馈来帮助他建立自我同一性。在每个章节结束的部分，我将列出一些迹象和信号，以帮助你确定你是否属于这个类型。

但在你阅读之前，我有一个警告：当你阅读罗列的迹象和信号时，你可能会发现自己在想："天啊，我认识的人哪有没这些问题的？"你想得对，每个人都有一些这里的特点和问题。要知道我跟那些被这些问题严重困扰的人聊过，他们读这本书时都下意识地觉得是在读自己的故事。

1. 空虚感

很少有人因为他们觉得内心空虚就来做心理咨询。空虚感本身不是一种病，不像焦虑症或抑郁症。大多数人也没有觉得这些不适是干扰他们生活的症状。它更像是一种一般的不适感觉，一种时有时无的、无法满足的缺失感。有些人能切身体验到，肚子里或胸腔中感觉空落落的，其他人感觉它更像是一种麻木情绪。你可能有种泛泛的感觉：你缺失了些其他人都有的东西，或者你是站在世界的外面往里看着的感觉，就是有些不对劲，却难以名状。它让你感到与世隔绝，好像你本应该更加享受生活，却没有。

我发现大多数被情感忽视的人会因为例如焦虑、抑郁或家庭相关的问题来做心理咨询，最终以某种方式表达这些空虚的感觉。通常空虚感是慢性的，已经在人的生活中渗透流淌。可能很难想象是什么导致一个人会有这样的感觉。答案就藏在小时候父母对你的情感反馈中。

我们将看几个导致这些感觉的原因的例子，看看它们是如何呈现出来并被修复的过程。首先，让我们来看看由情感忽视的父母造成的空虚感的一般例子。

西蒙

西蒙是一名英俊得体的成年人，38 岁的时候他第一次来咨询。他提出的问题是，尽管他对很多女性有兴趣，他却无法维持亲密关系。西蒙想知道哪里出了问题，是什么导致他这样。纵观所有外在条件，他是大家梦寐以求的对象：成功的股票分析师、开着保时捷、在波士顿拥有一间美丽的公寓。他喜欢跳伞，并且爱好维修老款保时捷及赛车。他在选择女性时太过挑剔？他有承诺恐惧吗？我们的咨询进行了好一阵子，才让真正的西蒙从隐藏中走出来。

西蒙的父母非常富裕。他在一所巨大的房子里长大，屋外有着成片成片繁茂的森林。他的父母经常旅行，留下他和他的妹妹跟保姆在家里。他的妹妹身体有残疾，所以需要很多护理。父母旅行归来时，也把大部分的精力集中在照顾她身上，只能留下西蒙自顾自玩。还记得第2章吗，你会看得出西蒙的父母最适合套入两种育儿类型：家中有病人和放纵型的父母。

西蒙的父母可以说真的与他病态地疏离。他通常是被放纵的，没有约束，也没有任何规则。在西蒙还是个小孩的时候，他花了大量的时间独自在树林里。当他到了青春期时，他变得非常热衷饮酒和吸大麻。他有一次酒后驾车被捕了，他的父亲表现出了短暂的担忧，但也没有持续多久。

西蒙分享了一段回忆：在青少年时，他经常独自在他的房子后面的树林中闲逛几个小时，他感觉不安，也不想回家，因为那里什么都没有。他有时会抽根大麻烟，故意拖到天黑之后很晚才回家，他想尽可能长地推迟那种回到家走过那扇门时的可怕感觉。他对他的父母有着强烈的愤怒，他不太理解也没法弄明白，混合着极度的孤独的感觉，他绝望地期待着能有一个女朋友，一个不变的伙伴来填补他生活中的巨大的虚空。

在因酒后驾车而受到他父亲的一些关注和担忧后，西蒙回到了正轨，从大学毕业，取得了经济学学位。他搬到洛杉矶，为一家大公司工作了几年。他非常成功，也赚了很多钱。他交了一个女朋友，而且关系一直挺好，直到她说想要结婚。从那一刻开始，他感到麻木和空虚，对洛杉矶感到厌倦。他陡然中断了这段关系，辞了他的工作，搬到了波士顿。在波士顿，他很快重新找到了工作，毕竟他受过良好的教育，在职场上很抢手，完全有能力赚到高薪。

等他打理好了自己的新生活，很快，他发现那些旧的不安的感觉又回来了。有什么不对劲，他还是不快乐。从这时起，他开始玩跳伞和保时捷赛车。他想用极限运动来击退他的空虚感。他每次跳出飞机时上涌的肾上腺素奇迹般地让他感觉很好，只可惜太短暂。每次跳完伞回家的时候，那种挥之不去的麻木、空虚感就会缓缓渗透回来，他就会开始希望要是他的降落伞没有打开、自己死了的话该多轻松。事实上，这个想法在他的头脑中纠缠了很多年。

西蒙想死不是因为他感觉得太多，而是因为他什么也感觉不到。他无法维持一段亲密关系，因为他内心苍白，无法给予也不懂接受。他满世界不停地寻找生存的意义，但当其他人无法给他时，他放弃他的工作、公寓、豪车甚至是爱人。他想要的正是别人都很容易就能得到的，但事实证明对他来说可望而不可即的：与另一个人产生情感连接。

在治疗中，我与西蒙的咨询重点集中在感觉上。当他讲他的故事的时候，我经常打断来问"你那个时候有什么感觉？"或者"当你谈起这个时，你现在的感觉是什么？"一开始，西蒙对我的问题感到恼火。他视这些问题为打断他回忆的无关的切入点，带着我们走向错误的方向，离他想用故事表达的观点差之千里。

然而，渐渐地，经过大约两年的咨询，他的头脑开始向情感世界打开了大门。为了回答我的问询，他慢慢地能够把注意力集中到他内心，来关注他内在的感受，并说出他的感觉。有趣的是，在西蒙成为一个更加有感觉的人时，他与那时约会的女人开始遇到性方面的问题。当他变得能与女友更好地情感连接的同时，他变得不太能与她做爱。他的性无能成了他莫大的痛苦来源。第二部分的治疗，就是要帮助他认识到，他实质上被养成了一匹孤狼。他在人际关系中完全切断了自我情感，以至于情感亲密的概念和性亲密的概念相混淆都会让他感到害怕和受到威胁。我们大多数人都知道为了做爱而做爱是容易的。那么为情感亲密而做爱呢？好吧，这有点令人生畏。对西蒙来说，当性开始附加意义和感觉时，他手忙脚乱了。他的身体通过关闭他的性反应能力来应对。

值得称赞的是，西蒙坚持下来了。通过在咨询中的努力，他终于能够让自己内心变得更舒适。又交往了三个女朋友后，他认识了一个女人，让他感到很安全，他们在情感上能够享受真正的亲密。

你可能想知道西蒙的空虚的感觉、麻木和他的亲密关系问题之间有何联系。它们都是一个核心问题的副作用——情感忽视。西蒙在人格塑形时期过着孤单又寂寞的日子,和他的父母之间鲜有情感交流。那种让孩子能与他的父母、其他人,以及世界产生联结的情感根基缺失了。西蒙是在情感真空中长大的。他试过用交友、吸毒和参加聚会来"填补自己"。他交了一个又一个女朋友,期望她们能给他带来意义和情感连接。这些尝试都没有起什么作用。最后,是心理咨询让他认识到他需要向内寻求答案,而不是向外寻找。他不得不从头学习情绪,接受他也是有情感的,并允许自己感觉它们以体验生活丰富多彩的内容和意义。只有那时,他才能拥有丰富多彩的、充满内容和意义的情感关系。

生命的燃料是感觉。如果我们没有在童年时代得到充足的养分,我们必须在成年时填补自身。否则,我们就会发现自己活在虚无中。

西蒙显然是情感空虚的一个相对极端的例子。许多被情感忽视的人经历的是更温和的形式,没有那么备受折磨。但我发现,最轻微的空虚感也能影响人参与和享受生活的能力,而在最严重的情况下,它会驱使人们考虑自杀,甚至真正采取自杀行为。

空虚的标志和信号

○ 有时,你感觉身体内是空的。

- 你情感麻木。
- 你质疑生命的意义和目的。
- 你会有没来由的自杀想法。
- 你乐于寻求刺激。
- 你感到不同于其他人，并对此困惑不解。
- 你经常觉得自己是局外人。

如果你觉得上面的几个迹象正是你的写照，你就要很仔细地考虑你有可能经历过情感忽视了。但请不要绝望，只要你找出情感忽视的哪些方面适用于你，你就可以纠正并抵抗它的作用。

2. 反依赖

大家都知道依赖是什么。韦氏词典定义它是"由另一个因素决定或以另一个因素为条件；依赖另一个因素的支持"。相对应的，独立性可以描述为"不由另一个因素决定或不以另一个因素为条件；不需要依赖另外的支持"。没有多少人听过"反依赖"这种说法。这不是一个常用的说法，很多人不熟悉这个概念。事实上，主要是心理健康专业人员在使用它。它指的是一种不需要任何其他人，或更具体地说，恐惧依赖他人的倾向。反依赖的人大费周章地避免寻求帮助，不表现出也不想感觉到自己需要别人。他们拼尽全力不去依赖别人，即使自己要付出巨大代价。这里有一个例子，讲述经历过情感忽视的孩子如何在长大后成为反依赖人格。

大卫

大卫第一次来找我咨询时，他是一个四十多岁的成功商人，有妻子和三个孩子。他很富有，他的孩子都到了该离家独立的年纪。他来是想治疗慢性抑郁症的。大卫刚开始说，他的童年很幸福也自由，但当他讲述他的故事时，很明显他是受到了关键因素的缺失的巨大影响。

大卫在七个孩子中排行最小。他的出生是一个意外，比他最小的哥哥小 9 岁。大卫出生时，他的母亲已经 47 岁，而他的父亲都 52 岁了。大卫的父母都是善良、勤奋工作的老好人，他一直都知道他们很爱他，但大卫出生的时候，他们已经无力抚养孩子了，大卫基本上是自己养大自己的。他的父母不要求看他的成绩单（全都是 A），他也没有主动给他们看。如果他在学校出了什么问题，他不会告诉他的父母，他知道他必须自己去处理。大卫是完全自由的，放学后他想干什么就干什么，因为他的父母很少问他在哪里。他们知道他是一个好孩子，所以他们不担心他。即便大卫享受这种不用遵守规则的自由，他长大后内心里还是深深地感觉到他是孤独的。他从这份自由中得到而内化的概念是"不要问，不要说"。他很小的时候就明白了，他不需要分享他的成就、他的失败、困难或需求。即使他不记得他的父母实际上这样告诉过他，但从成长过程的一个又一个细节中，他得到了这样的观念，这甚至成了他自我同一性的一部分。

成年后，大卫表现出情绪受限和自我封闭。其他人经常觉得他冷漠。他的妻子，结婚15年后，感觉两人缘分已经走到了尽头，她觉得大卫没法与她有感情上的共鸣。他经常告诉她，他爱她，但却很少在她面前展现任何情绪，不论是积极的还是消极的。她说，他是个优秀的一家之主，但也描述说他们的关系是空洞的、无意义的。大卫说自己感觉内心空荡荡的，他透露道，在这世界上只有一个人让他实际上感受得到情感存在，就是他十几岁的女儿，而他有时却憎恨这种她对他很重要的感觉。大卫整天被不想活的念头所困扰，但他有这么棒的生活，他不能理解自己的想法。他常常幻想自己逃跑了，独自生活在一个被遗弃的热带海岛上。

大卫的童年缺失的是情感连接。在他的家庭中情绪被视为不存在，在大卫和他父母之间没有任何形式的互动，既没有积极的，也没有那些重要的消极互动。他们看着他的成绩单时，眼中没有喜悦；他很晚从学校回家后，他们也没有焦虑地等待。大卫与他父母的关系可以用一个词总结出来：亲切。

大卫的父母不知不觉中教给他的是："永远不要有感觉，不要表露感觉，不要向任何人索要任何东西。"而这完全在大卫自己和他父母的意识之外。他关于死亡或跑到遗弃的热带岛屿的幻想，是他能够想象得到的完成这项任务的最好的办法。大卫是个聪明的男孩，谨遵生活的教诲。

反依赖的标志和信号

- 你有抑郁的感觉,但你不知道为什么。
- 你长期有莫名的想逃跑或想死的愿望。
- 即使童年很快乐,你记忆中的童年也是孤独的。
- 其他人说你冷漠。
- 亲人抱怨说你情感上很疏远。
- 你更喜欢自己做事情。
- 很难开口请求帮助。
- 你在亲密的关系中不舒服。

如果你有以上一些迹象,你可能经历过情感忽视。请继续阅读。

3. 不切实际的自我评价

如果别人问你怎么描述自己,你会怎么回答?你会用什么形容词呢?是倾向于积极的词语,还是消极的描绘?最重要的是,你的描述是否准确呢?在麦凯(McKay)和范宁(Fanning)所著的《自尊》(*Self-Esteem*)⊖一书中,有一个练习要求读者对他的自我概念进行盘点。读者被要求在一些不同的方面列出他的强项和弱点,如身体外貌、个性、关系和心理功能。麦凯和

⊖ 本书简体中文版已由机械工业出版社出版。——编者注

范宁指出，自尊较低的人倾向于以消极方式看待自己。他们夸大自己的弱点，淡化自己的优势。

这是真的，许多经历过情感忽视的人自尊较低。但是，同样经常发生的是，情感被忽视过的成年人的自我认识是一幅不准确的图画，不一定是消极的，但就是不准确。

我们通过童年和青春期的成长过程来发展我们的自我概念。当我们在钢琴独奏后看到我们父母脸上的自豪感，那是认可，我们弹得很好，这使我们想要变得更好。当父母在少年棒球联盟比赛后说："今天比赛的防守很厉害。让我们来多练习练习你的击球。"这些交流给孩子提供了关于他的优势和弱点的重要的反馈。作为孩子，我们像小电脑一样，接受来自环境的反馈，存储在记忆中，结合各种各样的反馈，发展出一整套对自己的技巧、天赋、缺陷和不足的认知。我们从教师、教练和同龄人那里接收这些反馈。但最重要的、影响最大的反馈来自于我们的父母。这个过程进行得正确时，人会形成一个平衡的、现实的自我评价，而这也是自尊的基础。这样的自我评价是生活中许多选择的基础，比如为了什么而努力、发展什么技能、申请什么样的大学、做什么专业、寻找什么样的伴侣、选择什么作为自己的职业。这些都有助于维护和保持自尊。例如，一个被拒绝进入医学院的人可以鼓励自己说："我在科学课程上不像我在数学课程上一样好。如果我想成为一名医生，我必须更加努力地学习，不停地尝试。"另一个没有这种坚定的自我感觉的人，可能会感觉到绝望，只看到自身不足然后放弃。

乔什

乔什 46 岁时被他的女朋友敦促来找我。他是个离异的父亲，有两个儿子，分别是 12 岁和 10 岁。乔什进行心理咨询已经多年，但一直觉得对他没什么帮助。他感觉陷入了困境，在治疗上、生活上都是。他自己也暗暗地因为感觉自己总与环境格格不入而觉得困扰。乔什在很多情况下都描述自己是一个"在圆孔中的方形钉子"，他从小就有这种感觉。当我慢慢了解乔什，我渐渐理解了原因为何。

乔什在康涅狄格州的一个小而富裕的小镇长大。他是家里唯一的孩子，在乔什两岁时，他的父亲离开了他的母亲，从那之后他很少见到父亲了。他的母亲也没有再婚。她是当地大学的院长。乔什开始时描述他的母亲是慈爱又宠溺的，但当我们刮去表面，真相变得清晰可见时，她的"溺爱"实际是物质上的。她允许他自由地花销，任何他想要的都买给他。事实上在乔什的童年中，她高度地专注于自己的事业，经常工作很长时间。他描述自己在童年时是一个孤独者和梦想家。放学后，他在乡下的家附近的树林里和他的狗一起闲逛，狗狗才是他真正的好朋友，是这些狗狗让他的闲暇时光过得轻松愉悦，让他远离孤单。他的母亲非但没有鼓励他结交朋友，反而很高兴他能自得其乐不需要她操太多心。这倒不是因为她不在乎他，只是因为这样她就可以把一切心思都放到她的工作中。

中学时，乔什开始遇到一些问题——在学校被人欺负。他的书生气让他赢得了"呆子"的绰号，尽管他尝试了很多办法来应对，他的努力却只给他"赢来了"另一个绰号："蠢货"。他的母亲并没有帮助乔什来应对这些，也没有跟他一起承担这件事给他带来的痛苦，他的母亲粗暴地解决了这个问题，突然给他转学到当地的一家私立学校。毫不奇怪地，乔什在那里更不高兴。因为被欺凌，他失去了很多自信。"呆子蠢货"时不时地回响在他的脑海中。

后来当他又遇到同龄人问题的时候，乔什的母亲又给他转了两次学校，这一切是在教他如何逃避困难的情况，而不是如何面对或应对它们。因此他没有从中得到机会学习什么，反抗欺凌，或是感觉到掌控感或力量。

到了申请大学的时候，乔什的母亲固执地坚持让他申请她工作的学校。当他拒绝时，她愤怒地停止了帮他搜索大学，留下他自己找学校。靠着自己，他也设法找到了一个好的学校，但他仅仅是因为喜欢阅读，就去攻读了英语学位。

值得注意的是在乔什的整个成长过程中，他的母亲没有注意到任何他的优势和弱点，比如他对动物的喜爱、他在户外的灵巧能力，或他倾向于在其他孩子中孤立自己。她没有与乔什**建立起情感上的联系**，她没有**注意**到、认识到他是一个独立的与自己不同的个体，她无法**恰当地回应**他的情感需要。他在母亲的眼中看不到自己，因此无法认识自己的能力和弱点，也没有形成现实的自我评价或自我同一性。等到乔什该上大学的时候，他发现自己没有一份自我的蓝图，无法决定该去哪所大学、念什么专业或从事什么职业。

尽管他拥有英语硕士学位，当乔什来找我咨询的时候，他只是做着一份大材小用的工作，作为一个建材供应公司的卡车司机兼送货员。他感觉很难与他的同事相处得自在，因为他真的和这份工作格格不入，他也觉得这工作极度令人厌烦又无聊。他年近四十岁得到他的硕士学位后，乔什试着在高中教了两年英语，但是当他发现学生家长和学校领导都因为他无法控制课堂而批评他时，他放弃了当老师。

乔什的一个主要困扰是缺乏选择职业的能力，无法投身于一个职业。他很难判断出他对什么感兴趣，他可能擅长什么，或他可能适合到哪里。很明显，他自卑而脆弱，自我认同感发展不良。

表面上，乔什的母亲爱他，但她其实并没有真正"看到"她的孩子。她为他的教育做出的决定，不是基于他是谁和他需要什么，而是由她是谁，和她需要什么而做。通过家长的眼，乔什很少有机会来发现他自己的真实样貌。

作为一个成年人，乔什的自我同一性有失平衡。缺少了他父母的关注和反馈，他的自我同一性发展不尽完整，只是以他自己对自己的观察为基准。他这样描述自己："孤独者""一个梦想家""能够考出好成绩""无目的的"。他的自我评价像孩子画笔下的涂鸦漫无边际，他不像那种健康的成年人能够看到自己的复杂性和细微特点。他对自己的看法非常负面，以至于他缺少切实的判断基础，从而难以决定适当的职业道路。教学，在这唯一的他自己选择和追求的职业生涯中，得到的批评更加伤害他的自尊。在负面评价面前，他很快退缩、放弃了。

不切实际的自我评价的标志和信号

- 很难确定你的才能。
- 你感觉到你可能倾向于过度强调你的弱点。
- 很难说你喜欢什么和不喜欢什么。
- 你不确定你的兴趣是什么。
- 当事情变得具有挑战性时，你很快放弃。
- 你选择了错误的职业或换了好几次工作。
- 你经常觉得自己像"一颗卡在圆孔中的方钉"，一种格格不入感。
- 你不确定你的父母对你的看法。

4. 对自己毫无同情，对他人满怀同情

同情心是人类情感的最高形式之一。这是将我们联系在一起的纽带，无论是个人之间还是在社会中。同情心驱使我们捐款给慈善机构，它激发见义勇为的行为，也帮助我们从生活的创伤中愈合。它是友谊的桥梁，也帮助我们原谅那些错怪我们的人。我们有两种类型的同情心：对他人的同情心，以及对自己的同情心。经历过情感忽视的人通常对人富有同情心，但缺

乏后者。他们经常非常容易原谅别人的弱点缺陷，至少在表面上如此。人们发现他们很好交谈，因为他们似乎乐于接纳又不随意评论。然而，对待自己时，他们往往是相当吹毛求疵的完美主义者。他们会因自己的某个弱点对自己生气，却很容易容忍别人有同样的缺点。

诺埃尔

诺埃尔是一个 38 岁的已婚母亲，有一个小孩。她有优秀的学历，从两个常春藤联盟大学获得了高级学位。她在做母亲之前拥有一个发展迅速的职业生涯。从任何角度来看，人们都会认为她非常成功。当我开始治疗诺埃尔的焦虑症时，她刚刚下岗，非常挣扎。很明显，外在条件来看是一回事，但她的内在感受完全是另一回事。事实上，总有一个声音无休无止地在诺埃尔的头脑中嚷嚷"你怎么搞的？你连车都停不好""你为什么一定要这么胖？""你这么聪明的人，怎么会是这么糟糕的妈妈""你真是笨手笨脚"等。任何微小的错误都将导致一连串的自我反省，她却从来没有因为这类事怪罪过任何一个朋友或他人。诺埃尔是怎么形成这种双重标准的同情心的呢？这根植于她经历的情感忽视。

六岁时，诺埃尔的父母离婚了，她是他们唯一的孩子。她的父亲酗酒并虐待她妈妈。诺埃尔回忆起他们分开前发生过好几次可怕的大声争吵。诺埃尔的母亲是一名社会工作者，她非常爱她的女儿,她看出了女儿的聪慧并经常对诺埃尔和其他人表示自豪。诺埃尔在成长过程中知道自己很聪明,有信心去申请非常有名的好学校,并确实成就了一个优秀的职业生涯。那么,究竟什么地方出了问题呢?

离婚后不久,诺埃尔的母亲再婚了,那个男人立即搬进了她们家。虽然诺埃尔的母亲很爱诺埃尔,但她有严重的童年创伤并且自虐,新家庭让她认为这是她生命中第一个治愈心灵、做回自己的机会。她充分享受着她新的独立和新的关系,对她幼小的女儿的关注越来越少了。与此同时,诺埃尔却被迫独自面对自己的情感困境:生活环境的改变、她母亲的新的婚姻,和失去的父亲。她的母亲缺乏对诺埃尔的困境的同情,造成了诺埃尔对自己同样缺乏同情。

没有父母的参与教养和互动,诺埃尔成了她自己的父母。每天早上她用微波炉加热冷冻鸡肉三明治作早餐,每天下午她都回到一个空房间,在那里自己坐着看电视。

诺埃尔知道她特别聪明,于是她躲在由这聪颖织就的温暖的茧里来喂养她的灵魂。因此,她对自己可能会犯的任何错误都不能容忍,因为那会打乱她唯一的安全感。犯错让她觉得愚蠢。她责骂自己的错误,认为这将有助于她少犯错。她要求自己每个科目都得 A,并为自己少数的 B 感到非常失望。没有长辈在她的生活中引导她全面辩证地看待自己的错误,帮助她理解错误为什么会发生,或因为她对自己的失望而流露对她的同情,所以她没有学会为自己做这些事情。相反,她苛刻的内在父母采取了最简单的方法教她,她最好能完全正确地做事,否则就会承担做错的后果。结果,她由于对自我的失望和愤怒而止步不前。

当诺埃尔忙于自我鞭策时,其他有情感关注的孩子则在学习如何原谅自己。当他们带回家一个糟糕的成绩时,他们的父母会试着辨别原因,与他们谈论如何纠正它,并和孩子沟通,每个人都有不小心和犯错的时候。这是健康的孩子们如何学习接受自我、原谅自己,理解他们的错误并从中学习,然后把那些错误忘却在身后,继续前进。我对诺埃尔咨询的一部分工作就是帮助她作为一个成年人,学习如何原谅自己。

缺乏自我同情心的标志和信号

- 其他人经常会请你出来聊聊他们的问题。
- 其他人经常会告诉你,你是一个善于倾听的人。
- 你无法容忍自己的错误。
- 你头脑中总有一个批评的声音,指出你的错误和缺陷。
- 你对自己比对别人更加严格。
- 你经常生自己的气。

5. 负罪感和羞耻感:我到底怎么了

从上面的描述中你可以看到,情感上经历过忽视的成年人很完美主义,对自己要求也很严苛。对很多人来说,这种情况可不会止步于此。当孩子从他们的父母那接收到这样的信息：他们的感觉是一种多余的负担，或干脆是错误的东西，他们经常会开始因为拥有感觉而感到内疚和羞耻。他们会开始努力对他人隐藏自己的感觉，甚至不再拥有感觉。

许多情感上经历过忽视的成年人并不是受过虐待，他们回忆起童年常是快乐和无忧无虑的。他们无法针对他们的问题找到任何原因，所以他们只能责怪他们自己。他们通常是在无拘无束中长大，大卫是这样，乔什也是。因为他们在还是孩子时就自己为自己做主，自然他们成年后也觉得必须为自己的不完美负责。

当孩子的情绪没被父母识别出来或确认时，他长大后自己也做不到识别和确认自己的情绪。作为成年人，他很可能不能容忍强烈的情感，或干脆任何情感都没有。他会掩埋情绪，并很容易责备自己拥有各种各样的情绪：生气、悲伤、紧张、沮丧，甚至快乐。普通人的自然情感体验却成了一种难以启齿的羞耻的源泉。"我哪里不对劲？"他会经常问自己这样的问题。

在他"快乐的童年"和莫名其妙的情绪之间，他只剩下一种假设：有些东西肯定出错了。

劳拉

劳拉14岁的一天，她从学校飞奔回家，急切地与她的母亲谈话。她在学校听说她最好的朋友莎莉的16岁哥哥托德昨晚自杀了。劳拉暗恋着托德，他对他的妹妹和她的朋友都很好，经常逗她们玩，还会开车送她们去练习足球。震惊、混乱和悲伤，劳拉被一股以前从没有感觉过的情绪狂澜冲垮了。

劳拉从学校回家后，立即赶到她母亲身旁，她已经听到这个消息了。母亲拥抱了她，说："我不奇怪这会发生。我想他是被毒品害的。"而讨论就此结束了，这个话题再也没被提起过。劳拉的母亲从来没有问过她感觉怎么样，所以劳拉也没有问自己这个问题。相反，她压抑了她的感觉，试着不去想它。接下来的几个星期（期间她只是和她的朋友们参加了葬礼，她的父母并没有去），她专注于她的朋友、学校和足球，但是躲避着莎莉。看到莎莉让劳拉感觉很糟糕。劳拉发现自己会在奇怪的时候，像是在上数学课或在淋浴时，没缘由地大哭起来。

到她高中毕业为止，又有两个劳拉在学校认识的熟人自杀了。她像她初次经历悲痛时那样处理这些丧失，只是她跳过了告诉她母亲这个环节。她尽职地和她的朋友们一起参加了葬礼，但却没有跟任何人提到她感到的不安、困惑和震惊，其实她自己也没有意识到这些情绪。

劳拉在学校难以集中精神，在家里也经常发脾气。自然地，她更加难以面对学业了。她的父母对她感到很沮丧，经常问："你到底怎么了？"但这也只是一句漫不经心的问话，他们并非真的想知道。劳拉开始认为自己很脆弱、愚钝，也不善合作。她自己也想知道她这是怎么了。这种迷失自我的感觉一直伴随她到成年。简单来说，劳拉认为自己情感麻木。这是因为她设法成功切断了她的感觉，这样她可以不受其影响，但是每当她再有任何强烈的情感时,不论任何形式任何原因,她都感到脆弱和羞耻。32岁时,她在一次治疗中告诉我:"我有一个美好的令人嫉妒的童年,但我还是希望自己死了算了。我没有理由这么抑郁。我肯定是心理有问题,还很严重。"

对于劳拉而言,关键问题就是感觉到情感是可耻和错误的。经验告诉她,情感是种负担,她的父母无意中给了她一个信息——不要有感情,就算有,她也不该对他人表达出来,甚至也不该向自己表达。劳拉的情感是她深埋内心的耻辱。

负罪感和羞愧感的标志和信号

- 你有时没有明显原因地感到沮丧、悲伤或愤怒。
- 你有时感到情绪麻木。
- 你有一种感觉:你有什么地方不对劲。
- 你觉得你和别人不一样。
- 你倾向于压抑感情或避免动感情。
- 你试图隐藏你的情绪,这样别人不会觉察到。
- 你会觉得自己不如别人。
- 你觉得你没有理由活得这么不开心。

6. 对自己生气、自责

如果你对什么感到深深的羞耻,而这种东西恰好就是人与生俱来的情绪，你很难不对自己生气。羞耻，进一步发展的话就会变成自我导向的愤怒。让我们继续讲劳拉的故事。

劳拉

劳拉的少年及整个成年时期都深陷在自我破坏的情绪和幻想中。大学时，她的男朋友与她分手后，她服药过量，短暂住院。从那之后，以及在她的整个成年生活中，她经常买上六瓶啤酒，独自在她的公寓里喝酒。她喝得越多，感觉到得也越多。她会开始流泪然后大哭，而后又厌恶自己哭泣。她会被强烈的自我憎恨充满，她用刀在腹部划出伤口，她发现这样做有种奇怪的安慰感，竟然能使她安然入睡。第二天她便觉得好多了，好像她经历了某种洗礼净化。

劳拉麻木地度过她的日常生活，她完全切断了自己的感觉，任何情绪都在她的意识之外。她并不会真正地感觉到她的愤怒、伤感或悲痛。这使她不必持续地受脆弱感和羞耻感的侵扰。但那些感觉始终存在她内心深处，就像火山下的岩浆。啤酒能让她喷发出一些情感岩浆，这种感觉极为羞耻却又清净。

对劳拉来说，那次服药过量和自残行为都是对自我的愤怒表达。内心深处，劳拉憎恨自己，却不是因为有什么真正的失败、短处或缺陷，而是因为她感到悲伤和受伤，而又无法解释为什么她有这种感受。在她心里，自己是件残次品，她还没有借口来推脱不是自己的错。

对自己生气、自责的标志和信号

○ 你很容易也经常对自己生气。
○ 你使用酒精或药物消愁释怀。
○ 你经常感到厌恶自己。
○ 你有自我破坏的行为或倾向。
○ 你责怪自己为什么不快乐,为什么不能更"正常"。

7. 感到自己有致命缺陷
(如果人们真的了解我,他们不会喜欢我)

大多数经历过情感忽视的成年人共有的一个特征是,都有一个埋藏心底的秘密感觉:自己和别人不一样或有缺陷。正如从上面的故事里你所看到的,劳拉因自己有情感而感到羞耻,这些情感使她感到脆弱和受伤。当一个人内心深处感到自己哪里不对劲,他自然会试图弄清楚这种感觉,或者向自己解释。基于自己独特的童年和家庭环境,每个情感被忽视的人对"我到底怎么了"都会得出他们自己独特的解释。有一次我将八名经历过情感忽视的女士放在同一个治疗组,希望她们能帮助对方看到养育了他们的那些人不经意间的疏忽行为,导致了她们经历这么多的困难。在一年的治疗中,她们感到大家被一个共同的特点凝聚成了一个团体,她们将其命名为"致命缺陷"。

"致命缺陷"不是一个真正的缺陷,但它是一种真实的感受。它是经历过情感忽视的成年人扎根心底、深深埋藏的想法，这想法使他感觉与别人不同、与这世界疏远、不为人所接纳。这种让人心脏隐隐作痛的感觉，必须不惜一切代价将其隐藏。致命缺陷是一个时间胶囊，装载着孩子们问自己"我到底怎么了"的回声。

经历过情感忽视的人倾向于觉得，他们必须将真实的自我隐藏在他人视线之外，因为如果让人太靠近自己，他们的缺点就会暴露。对于有的人，缺陷可能是一种觉得自己毫无价值的执念。对于劳拉，是那个秘密的耻辱：她很脆弱。对于诺埃尔，缺陷是那个她很笨的念头，但每个经历过情感忽视的人都有自己的致命缺陷。这里是凯莉的故事。

凯莉

凯莉是家中三个孩子里最小的一个。她的父亲是柴油技工，她的母亲是个家庭主妇。她有一个大她六岁的哥哥和大四岁的姐姐。她用"家里蹲"来描述她只受过高中教育的父母，意思是他们没有一丁点冒险精神、好奇心或对外面世界的兴趣。他们是简单朴实的人，一心只想要努力工作好抚养他们的孩子。他们不会以任何复杂的方式来思考世界，他们当然也没有付出哪怕一丁点的心思来关照他们自己的或是他们任何一个孩子的情感世界。

凯莉的母亲对凯莉和她的姐姐有着完全相同的要求，也不管她们的年龄相差四岁。她给她们穿一样的衣服，剪一样的发型，甚至要求她们一起上床睡觉，拥有的自由度也相同，基本上要求她们一起做几乎所有事。凯莉的姐姐觉得这样极端的不公平，也憎恨凯莉闯入她生活的方方面面。凯莉和她的姐姐都不被当作一个自成一体的人，她们自己感觉也不像是独立的个人。她的妈妈对待她们就像是同一个人的两个部分而已。凯莉迷迷糊糊地长大了，想知道为什么她姐姐这么恨她，并竭尽所能想得到她姐姐的青睐。但不管她做什么，她的姐姐都鄙视她。作为一个孩子，她简单分析情况得出答案："我不太可爱"。

当凯莉（长大成年后发现她患有注意缺陷障碍和学习障碍）开始在中学学业上遇到困难时，她的父母却没有注意到。她带回家的成绩单满是 C 和 D，她母亲的反应是："嗯，没关系，你只要尽你全力去做就是了。"凯莉从这个反应中领悟到的是没有人对她有所期待，因为她在智力方面没有什么天赋。正因为缺少更多样的解释或更高的期待，她对自己形成了两个重要假设：她既不可爱，又傻头傻脑。

当凯莉遇到典型的中学朋友关系问题时，她用同样简单的因果分析来看待自己。她这样解释每一次事件："人们认识我后，他们不喜欢我。"这成了她对每个和她约会的男孩与她分手的解释，她在生活中遇到的每一次社交障碍，她也这样对自己解释。

当我见到凯莉时，她三十多岁了。她形成了一种回避风格，她很少主动跟人搭讪，预想自己在所有地方都会遭到拒绝。治疗凯莉非常费力，她对自身经历缄默寡言很少谈及。其实她有很高的闲谈技巧，但让她谈点关于自己和她的生活的任何稍有点深度的话题简直就像在给她拔牙一样难。为了避免他人触及她的实质，她故意让别人觉得她很无趣。

凯莉感到没有朋友，也很孤独，这是因为她不愿付出足够有意义的情感连接，来保持友谊或任何关系。她声称想要结婚生子，可一旦男友与她有任何一丁点矛盾，她就放弃了一段又一段恋爱关系，然后想着他像所有其他人一样，了解她后就不喜欢她了。她内心深处藏着一个隐秘的认识，她不与任何人分享并极力隐藏，但是这种认识主导了她的生活："如果人们了解我，他们就不会喜欢我。"这是她的致命缺陷。

致命缺陷的标志和信号

- 你害怕与人亲近。
- 你很难向他人敞开心扉，哪怕是你最好的朋友。
- 你往往预想无论到哪都会遭到拒绝。
- 你避免主动交朋友。
- 你可能很难让对话持续。
- 你觉得如果人们与你走得太近，他们就会开始讨厌你。

8. 难以关爱自己和他人

关爱一词最恰当的描述是爱、关怀和帮助的组合。没有被情感滋润过的孩子长大后极难向他人投以情感上的关爱。还记得大卫吗？七个孩子中最小的、小时候被忽视、长大后无法交朋友的那个大卫。让我们再聊聊他。

大卫

如前所述，大卫的父母努力工作，是体面礼貌、为他人着想的人。他们为大卫提供了一个温馨的家，有漂亮的衣服和丰盛的食物。他所有的物质需求都得到了满足。他的母亲是家庭主妇，几乎一直陪伴在他身边。大卫在成长中知道他被父母爱着，但他从没有感觉到他父母的爱。这不是因为他们故意不爱他，而是因为在他们的家庭生活中，任何情感交流，无论是积极的还是消极的，都没有展现出来或者被允许存在。大卫被照顾得很好，身体很健康，但他没有受到情感上的关爱。

他成年后参加了一个治疗团体，在任何团体成员表现出强烈的情感时，大卫几乎都要蜷缩起来了。他是一个能为经历痛苦的团体成员提供实用又理性的建议的行家，但他这样做时是不带情感的。他的建议是善意的，但传达得一点感情都没有。他的这种风格倒也未被其他小组成员忽视，他们经常筑起心理防线而且不太容易接受他的建议。

我们都知道，任何类型的个人建议，只有在伴随着一种关怀的情感时才能很好地传达。小组成员们感激大卫会提出实用性的建议，但不喜欢他冷冰冰的表述方式。大卫无法在情感上融入团队，因为他害怕会与他们有感情牵连。他们可能会变得需要他，他们可能真的会依赖他。大卫常常对被人需要或被人关心表现得极不自在。还记得大卫对他女儿的感觉吗？他怨恨**她让他感到牵肠挂肚**。

关爱就像同情一样，是一种把我们结合在一起的情感胶水，是填充我们情感气囊的气体，是健康的家庭教育的必需品。在良好的婚姻中，它应该丰富地存在于丈夫和妻子之间。我们在儿时接收到的父母的呵护，会内化于心并成为我们的一部分。这样长大后，我们才能够为我们的父母、朋友、配偶或孩子提供关爱之情。小孩子是像海绵一样的，吸收父母的爱、关怀和帮助。离水太远的海绵会变得干枯，最终硬化。同样地，一个孩子若是远离爱心、关怀和帮助太久，会变得心灵僵硬，拒人千里之外，很难接受也难以给予关爱之情。这正是发生在大卫身上的事，他既感受不到爱也不会表达爱。

难以关爱自己或他人的标志和信号

- 人们有时会说你待人疏远，甚至可能是冷漠。
- 人们有时会认为你傲慢。
- 你经常认为别人太情绪化。
- 别人来找你只是为了听取实用的建议，而不是寻求情感支持。
- 当有人在你面前哭泣时，你会感到不舒服。
- 你哭泣时自己觉得不舒服，特别是还有别人在身边时。
- 你不喜欢那种有人真的很需要你的感觉。
- 你不喜欢感到自己需要什么。

9. 自我约束能力差

我们每天都需要在各方面运用自律。我们得准时起床、洗漱、一日三餐按时吃饭、勤运动、集中精力、做家务、省下积蓄办大事。我们学会了如何让自己有条不紊地做这些必要的任务，以回报辛劳养育我们的父母的爱和期望。

令人惊讶的是，非常多经历过情感忽视的人对实现这些我们称为自律的事情有巨大的困难。我发现，经历过情感忽视的人常常对他们不应该做的事欲罢不能，如吃垃圾食品、超额开支和其他自我放纵。相应地，他们也很难强迫自己做那些应该做但又不想做的事，如做家务、任务、工作或锻炼。他们通常会说："我真受够了自己。一说开始做事我就连根手指也不想动。"诚然，某种程度上我们所有人都有为此挣扎的时候。但经历过情感忽视的人的挣扎更加持久也更加强烈，往往会成为一个终身的主题。经历过情感忽视的人来寻求治疗时会自称散漫、懒惰、缺乏动力或者拖拖拉拉。当他们谈起自己的童年，你会发现他们的父母虽然是有奉献精神和爱心的，却没有帮孩子建立起学习自律的真正体系。例如，他们没有教孩子做这样的事情：在外出之前先做好他的家庭作业，或通过做家务、到附近跑腿帮忙、锻炼身体来赚取看电视的时间。

每次父母设置并实施这样的规则和期望时，这些规则和期望成为孩子的行为准则的一部分。孩子会学会一个规矩：如何强迫自己做一些琐事。相反，忽视情感教育的父母往往不会阻止孩子吃过多的垃圾食品或肆意消费。当一个孩子被扔在一边自己对自己负责的话，他只能学会如何放纵自己。情感忽视经常会造成自我放纵的问题。

许多经历过情感忽视的孩子的父母也很爱他们，满足他们的全部物质需求，但教育的一个重要组成部分就是要看到你的孩子是谁：不仅要注意到他擅长的东西，也要注意到什么是对他最难的事情，并努力确保他能处理这些问题。许多忽视情感教育的父母对孩子是非常关心的，但在那个层面上就根本没有参与到和他们的孩子的互动中。

威廉

威廉在年近四旬时来接受治疗。他心中纠结着自己本应该更成功。他有一个著名的商学院的 MBA 学位，他 20 岁时的心理测试显示他的智商非常高。然而，做过一堆毫无挑战的工作后，威廉既没有用到他的专业学识也没有达到他本该获得的工资水平。他最近刚被解雇，也担心老板对他的表现不太满意。

威廉说他在工作和个人生活两方面都非常难以自律。有时候，他通宵工作然后在第二天早上睡过头。他的妻子抱怨说他有时会忘记吃饭，也很少锻炼身体。尽管他已经尽最大努力去尝试，但是做困难、无聊或不愉快的事时他总是慢慢吞吞的。一旦他开始做这样的任务，他会立即想到别的更好的事，立马换掉手头的活。他的雇主反馈说他的工作完成得太慢。他对自己的低效率感到非常沮丧，说，"我是一个可怕的拖延症患者""我真懒惰"和"我怎么搞的？"

威廉的父母在他出生后没多久就离婚了，父亲并没有成为他生活的一部分。作为唯一的家长，他的母亲在他身上倾注了全部的爱。威廉是她的挚爱，他也的确是一个了不起的孩子。他聪明、受欢迎、没有惹过麻烦。他的老师喜欢他，他的成绩也很好。他的母亲经常告诉他你真棒，通常让他自己按自己的想法做事情。她不得不做全职工作来支撑生活，她相信威廉不需她太多监督就会很好。所以威廉自由自在地长大了，备受宠爱，也没有多少监督和约束。他记得初高中时，他经常到最后一刻才写学期论文、没有学习就参加考试、和朋友通宵达旦地玩。他不用做什么家务活也没有什么家庭责任，他对待仅有的责任非常随意。他的母亲对他总是很快放松规则并不责备他。同样，如果他成绩稍有下滑，他的老师通常也睁一只眼闭一只眼，因为他是一个聪明、有礼貌又善良的好孩子。在他的舒适区之外的工作，比如坚持做乏味的家务是他很少面对的挑战。

你可能认为这听起来像是个美好的童年。好吧，在许多方面的确是的，但问题是，这样的童年没有让威廉为成年后的需求做好准备。在他最近的工作中，他需要与客户合作为他们完成项目。他不得不找出客户想要什么，制定计划实现它，并在截止日期前交付完成。在许多这类项目中，他不得不协调他的团队成员的工作量，以确保一切工作有序进行。威廉喜欢这份工作，这工作需要用到他的创造力，然而，工作的协调和调度方面让他厌倦透了。当他不得不做最后的总结时，他就会拖延。一旦他错过了截止日期，他的老板立马就会抓狂。这一模式威廉再熟悉不过，他逐渐变得没有安全感。威廉是足够聪明，也足够有个性的人，他需要并享受着工作。那他缺少了什么呢？

威廉缺乏挣扎的童年让他可以很好地面对生活，只要没有不愉快的要求出现。作为一个成年人，威廉自由行事时非常能干。但是当老板要求成果或他自己需要争取一个目标时，他就没有自律能力来完成这些事。

因为他的母亲就爱走最容易的捷径，而不是迎难而上或按原则行事，所以威廉也是。仅仅是做些像清理厨房的小事也会使威廉受益匪浅。如果他的母亲注意到他在高中时生活里缺乏挑战，也许可以为他找个高级数学或语言课。在家里设立更多规矩和行为准则将帮助威廉把规矩和行为准则内化为自身的素质，而像他和母亲争论是否把柜台擦拭得合格这样的事，也可能教会他，即使在做一个平凡而没有表扬的任务时，做事彻底也非常重要。威廉错过了学习如何设立自身的行为准则，或如何强迫自己做他不想做的事情的机会。因为他是一个聪明又可爱的孩子，他缺乏自我调节能力这件事从未被人发现，直到他进入成人世界开始工作。到这时他无法忍受无聊，缺乏自我约束能力和缺乏坚持的能力才变得清楚起来，而所有这些能力都是一个成功的成年人所必须具备的品质。

缺乏自我约束能力的标志和信号

- 你觉得你很懒。
- 你是个拖延者。
- 你很难遵守最后期限。
- 你倾向于过度进食、喝太多、睡过头或超支。
- 你对生活的乏味感到无聊。
- 你往往回避乏味的任务。
- 因为你完成的事情很少,你会对自己生气。
- 你的成就低于预期。
- 你自我约束能力不强。
- 你经常是没有头绪的,即使你知道你有能力做得更好。

10. 述情障碍

如果有一个症状可以称之为是情感忽视的共同之处,那就是述情障碍。每一个经历过情感忽视的成年人或多或少都存在述情障碍。"述情障碍"这个词在大多数词典中都找不到,这不是一个由大众使用的字眼,这是一个主要由心理学家和其他心理健康专业人员使用的词,而且大多用在心理学研究当中。

述情障碍表示一个人的情感有缺陷,不论在知识层面还是在意识层面。述情障碍在一个人身上最极端的表现是他无法辨认自己的情感,也无法辨认其他人的情感。有述情障碍的人在生活中没有意愿也没有能力容忍，甚至感受任何情绪、情感。我观察到很多有述情障碍的人有易怒倾向。他们很容易毫无理由地对其他人发火，而这显然会影响他们之间的关系。这能让他们和人们保持一定距离，即使这样他们会感到极为孤独。

没有被自己认知和表达的情绪往往会混做一团，以愤怒的形式表现出来。最终，曾被压抑的各种感觉无法再被压制。这个时候，偶尔泄露出的怒气就会伤害身边的人。这里是一个情感被忽视的人的例子，他有严重的述情障碍。

卡尔

卡尔是一个身材苗条的高个男人，他看起来几乎有点瘦弱，来治疗时他五十多岁。1999年他的初级保健医生将他转介过来，因为他告诉她，他计划在千禧年末时自杀。他第一次来咨询时，他的这个计划非常清晰。在我们的第一次交谈中他的愤怒和不屑一顾的态度非常引人注目。这些敌意情绪是他唯一愿意或能够展示的情绪。当我进一步了解卡尔时，很快发现他是一个酗酒者和低成就者。虽然他有工程学学位，但他只是做一个家电修理工，晚上独自在公寓里喝啤酒。他从来没有结婚，也没有孩子，一直独自生活。

多年来，卡尔幻想着人间蒸发。经过几个月的咨询后，他终于能够说出这个秘密的幻想：他想逃到一个田园森林作为隐士生活，不告诉家人、朋友或任何认识他的人。他想象当那些认识他的人们听到他已经消失了的反应是多么悲伤和震惊,他们会多么担心和不安,会多么希望他能回来,一想到这里他就从中得到强烈的快感。

卡尔有两个哥哥,他的父母也还健在。在咨询中,他对他的整个家庭表示出接近仇恨的强烈反感。他无法解释为什么他有这样的感觉,但是他说,在来咨询前大约一年的时候,他开始翻出来并撕毁他拥有的每一张家庭照片,包括那些他自己还是一个孩子时的留念。他无法对这一行为做出任何解释,也没有对我的好奇心做出任何回应,他自己更是一点也不好奇。在他的工作中,卡尔也因为跟同事和客户发脾气而被停工了好几次。

当卡尔开始在咨询中打开话匣,这一切行为开始变得说得通了。他在纽约北部的一个蓝领镇长大。他的父母是第二代德国移民。他的父亲在一家工厂工作,而他的母亲留在家里照顾卡尔和他的两个哥哥。他的家里没有任何虐待的迹象,卡尔得到了很好的保护,吃得饱穿得暖。当被问及他与哥哥们的关系时,他简单地说他喜欢和他的哥哥们一起打棒球,直到他们到了上中学的年龄,哥哥们从此不再陪他一起玩了。事实上这是他能给出的他与家人之间重要互动的唯一例子。我再追问时,卡尔说在他的记忆中,在他家没有任何人会大喊、哭泣、拥抱、亲吻、触摸、眨眼,或以任何形式表达任何情感。事实上,卡尔对我提的有关情感的问题感到困惑。很明显他不懂情感的语言,情感的概念就不存在于他的脑海中。

然而，愤怒是卡尔唯一熟悉的一种情绪。他经常能感觉到愤怒，基本上每天无时无刻都是。他试过在工作时控制它（这样他不会被他的老板找麻烦），到了晚上他喝了酒后没了脾气才能安然入睡。尽管愤怒情绪在他的生活中无处不在，他却并没有意识到。他没有注意到它，他也没有质疑它。他挺习惯它的，因为愤怒是他的一部分，就像胳膊或者心跳一样。

他经历的情感忽视的本质给他造成了严重的情感发育不良。在他所有的人际关系中，他无法理解自己的情感，也无法辨别别人的情感，他不知道他能要求别人什么，或者他能给他们提供什么，他在情感上是瘫痪和孤独的。难怪他喝酒，难怪他幻想他离开后别人想念他，并后悔没有在他需要时陪伴他，也不奇怪当这些无法辨识的情感从他生活史的密码盒之中泄漏时，自杀的想法竟然能安慰他。毕竟，只有情感和连接才给我们称之为"活着"的奇怪事情带来意义。

卡尔的治疗第一个阶段是要意识到他的愤怒。第二个更困难的阶段是帮助卡尔停止用喝酒填塞他的情感，并教他与他的情绪和平相处。第三个最困难的阶段是帮助卡尔打开名为愤怒的锁箱，并为所有存储在其中的情绪贴上标签，并体验它们。

由于卡尔在治疗中形成了信任关系，他能够认识到当他的哥哥们不再和他一起打棒球时，这对他不仅仅只是一个小事件。那时候，直至现在也是，卡尔一直觉得被抛弃、受伤、被排除在外、不被爱，自己不重要。他没有识别、接受、命名这些感觉。他把这些情绪都内化了，把它们统统关到锁箱里。

作为对卡尔的致敬，也冒着有使读者感到悲伤的风险，我想在这里讲完他的故事。当卡尔学会认识和命名他的情绪，他明显变得柔软了。经过几年的治疗，他变得能对他的朋友敞开心扉，他的朋友也更多地给他打电话。作为他的治疗师，我开始听到他做木工时认识的老熟人有时打电话给他，也会花时间跟他在一起。他不再酗酒，并开始自学如何做饭。他不再在晚上独自喝酒，而是有时与朋友们出去，有时候在家做一大锅辣椒或炖肉煲。他的体重增加了，身体看起来也更强壮也更健康。他的自杀计划取消了。

卡尔只短暂地享受了他新发现的与外界的连接。他戒酒两年时，他的肺上出现了一个斑点。癌症扩散到了他的大脑，他被宣告还剩九个月可活。在这九个月，只要他有力气他就继续来进行心理咨询。他的朋友轮流和他坐在一起，到医院探望他，为他做饭。最后，他没有孤独离世，而是在朋友的陪伴下离开的。他的初级护理医生打电话告知我他的死讯时，我们在电话中一起哭了，因为我们都变得爱他了。

卡尔留给了我一个宝贵的人生课程，一份离别的礼物：情感忽视的疤痕不一定是永久的，心理治疗从来不嫌太晚。

述情障碍的标志和信号

- 你有一种易怒的倾向。
- 你很少意识到自己有一种什么情绪。
- 你经常对别人的行为感到纳闷。

- 你经常对自己的行为感到纳闷。
- 当你生气的时候,往往是过度的或爆发性的。
- 有时候你的行为可能会吓到自己和他人。
- 你觉得你在本质上与其他人不同。
- 有一些东西在你心里面丢失了。
- 你的友谊缺乏深度和实质。

亨利·大卫·梭罗说:"大多数人都生活在平静的绝望中。"我相信他指的是那些在童年受过伤的人无法识别、标记或在成长中摆脱受伤情感的影响。我真诚地希望,这本书将帮助你在自己的生活中看到这些伤痕,并鼓起勇气克服你经历过的情感忽视。

第4章

认知秘密：自杀倾向的特殊问题

○ ○ ○ ○ ○ ○

人类天生被设计成能感受到情感的。当这个设计发生短路时，首先这是由情感忽视的父母造成，后来继续由长大成人的孩子自己加剧，以至于整个系统都被抛弃了。

第4章

本章将讨论一个没有人喜欢谈论起的话题，大多数人甚至想都不愿想到它。如果你从来没有任何自杀的想法，也不认识谁有这个想法，那么请自由选择是否跳过这一章。我保证那不会让你阅读这本书的整体体验有所缺失，你并不会错过什么。

如果你曾经受到过自己或他人任何形式的自杀想法或行为的影响，那么请继续阅读。

自杀的主题令人不快而且可怕。对我们大多数人来说，它是不可理喻、不可想象的。有些人认为自杀是自私的行为，也有些人认为这是一种懦弱的表现，我们大多数人都在尽一切努力好好活着、避免死亡。很难想象有什么样的事会促使一个人让自己面临死亡，这一定得有什么非常可怕的事情发生，比如严重的负面事件，对吧？

尽管我们倾向于尽己所能地避免谈论这个话题，还是有许多人知道有某人在考虑、尝试或已经实行自杀。根据国家心理健康研究所提供的 2007 年的数据，在美国共发生 34 598 起自杀事件。这相当于每天发生 95 起。以 2007 年的数据来看，自杀是男性死亡的第七大原因，女性死亡的第五大原因。这些统计数据还不包括美国每天发生的 1 045 次自杀未遂，当然也不包括那些无法计数的人在自己的漫长的人生中悄悄地考虑杀死自己。

人们因为无数的不同原因而自杀。有时原因真的是非常戏剧性的，如上文提到的，对一个极端的负面事件的反应，像是公共场合的失败或羞辱；其他时候，可能是一个人企图逃避他的行为的后果，比方说监狱刑罚；还有一些人因为双相障碍或严重的慢性抑郁症而自杀。虽然自杀对其社区和被遗弃的亲人们而言总是令人震惊和哗然的，至少我们还有可能弄清为什么悲剧会发生，尤其当有明确的事件或疾病作为催化剂时。然而，情况并不都是如此。

罗宾

32岁的罗宾住在西雅图的心脏地带。她有一种天然的、淡淡的吸引力，会让人们注意到她。她有一头褐色的长头发，她通常戴着发夹或编一个随意的马尾辫。当人们第一眼见到罗宾，他们就会注意到她身上不寻常的组合：褐色的头发和水晶蓝的眼睛，罗宾也常听到人们对此评论。大多数人提到这些时是在赞美罗宾，但她听后看起来感到丢脸的反应让他们觉得惊讶。其实，罗宾对她的外貌这样引人注意、不同寻常觉得非常不舒服。即便32岁了，她仍试图淡化自己的形象，她只有让自己融入人群的背景中时，才感觉舒服。

罗宾一直单身，也从未结过婚。她在21岁时获得了心理学学士学位，但经过几年换过几个不同的工作，她觉得没办法靠这个谋生。在那一刻，她回到学校继续深造，现在她拥有一个加州大学洛杉矶分校的MBA（工商管理学硕士学位）。她有一份很棒的工作，薪资优厚，住在市中心的漂亮公寓里。她的住处距离她的健身房约一英里，周末经常可以看到她在去健身房路上或是从健身房回来，她非常注意坚持有氧训练和阻抗训练的最佳组合。罗宾的朋友喜欢拿她的健康习惯开玩笑。她总是很小心地选择食物而且害怕吃烧烤食物，因为她在某个地方读到烧焦的食物可导致胃癌。当好朋友邀请罗宾去野炊时，他们要煞费苦心地带着金枪鱼罐头（而不是烤肉！）。好在这些麻烦都可以由取笑她的那些极品怪癖的乐趣来弥补，罗宾对此也坦然接受。

　　罗宾的朋友称她是一个矛盾体。他们觉得自己可以和她说任何事，因为她善于倾听也乐于提供建议，他们可以指望得到实在而周全的反馈，但她很少谈及自己。她很乐于给予建议，但她从不会要求她的朋友提供支持或建议。除此之外，她有时会音讯全无。她会连续几个星期不接她的电话。她的朋友开玩笑说"罗宾在隐士模式"。虽然她会接受社交活动的邀请，但她很少主动发起任何社交活动。事实上，大多数罗宾的朋友从来没有见过她的公寓。她一般都是安静地待在人群中，但如果她喝了几杯，她就变身成派对的中心了。她的幽默感也出来了，变得很好玩，甚至很大胆。朋友们能感觉到她有更深的内在，但他们有时会感到沮丧，因为无法触及她的内在。就好比罗宾是一个非常好的朋友，但当她在"隐士模式"时，她是完全无法触及的。

> 6月的一个星期六晚上,罗宾去了她的朋友崔西的家里聚餐。崔西拿出一个新的配方——柠檬马提尼酒,惊人地美味。每个人都吃着烤牛排,罗宾享用了她必不可少的金枪鱼三明治,又喝了三杯柠檬马提尼酒。像往常一样,她那天晚上难以置信地有趣。他们打扑克到早上凌晨时分,最后他们决定今晚至此为止,各回各家。
>
> 两天后,崔西接到罗宾姐姐的电话,她带来了一个令人震惊的消息。她的姐姐路过拜访时,罗宾没有应门,姐姐觉得奇怪,结果发现罗宾躺在家中已经失去意识。罗宾在星期天服用了过量的药物,就在崔西家聚餐后的第二天。
>
> 罗宾的朋友、家人和同事都完全想不明白她自我了断的行为。这样一个聪明、成功、讨人爱的人怎么可能做这个?她有一切活着的理由。为什么她会尝试结束自己的性命?为什么没有任何迹象?为什么没有人察觉到一丝迹象表明罗宾在计划杀死自己?罗宾所有的亲朋好友都绞尽脑汁地在想他们是否错过了什么线索。他们分析回顾了他们与罗宾在上周一起度过的每一分每一秒。没有人,包括同她一起聚餐的朋友,可以回想出一丁点线索。

有许多许多自杀无法归咎于任何事件或疾病。有时这些人是看起来站在他们各自人生巅峰的人:哈佛的学生、成功的商人、成绩优异的高中运动员。或就是一个朋友、邻居、同事或兄弟姐妹，大家都觉得他们挺好的。有时是有一个可识别的触发因素存在的，但也不像是什么能导致这些人自杀的重要原因。通常自杀者的亲人们不只感到震惊，还有纳闷和困惑。这些可怜的亲友们终身纠结着那些无法回答的问题：不仅是他们怎么能那么做，还有他们为什么这样做。

为了试着回答这个问题，让我们回到罗宾的故事。到这为止，你看到了她的朋友和家人看到的她，是外在表面的。现在我们要去罗宾的内心世界，从内而外一探究竟，为什么她会采取这样的极端行为，以及她身上真正发生的事情。

罗宾

罗宾在华盛顿的一个平和小镇上长大。她是五个孩子中的第三个，她有慈爱和关怀的父母。她的父亲是机械工程师，她的母亲是家庭主妇，陪着孩子们在家直到他们全部长大到十几岁的年龄，然后母亲也出去工作了，在当地教育系统中担任教学助手。

从许多方面来看，罗宾的童年是挺不错的。她和她的兄弟姐妹年龄都很相近。他们住在绿树成荫的住宅区，到处是有孩子的家庭，罗宾从来不会缺少玩伴。她和姐妹也很亲近。她家虽然不是大富大贵，但也不缺钱，没什么经济压力，他们什么都不缺。每年4月，他们都收拾行装飞到迪士尼乐园玩一个星期，每年12月圣诞节和新年他们会去俄勒冈州波特兰市与罗宾的祖父母一起过一周。

罗宾的父母很少争吵，他们也不太容忍任何种类的消极情绪。当孩子们之间发生冲突时，他们对所有的子女一视同仁，会立刻打断这场争执——让所有人都回到他们各自的房间去。不论争执的是什么，也不管一个孩子明显是对的或属于受害的一方。父母的座右铭是"零容忍"。在抱怨上他们也适用了这个规则，任何不快乐、悲伤或挫折都包括在内。结果是造就了一个安静的家庭。这些孩子早就学会了，如果他们心头有任何消极的想法，最好自己留着。妈妈和爸爸拒绝听这些废话，他们希望这是一个快乐、和谐的大家庭，大家都相处得好，没有一个不满意。此外，有五个孩子要照看，他们觉得没有时间和精力来解决危机、擦干眼泪或舒缓挫折。零容忍政策让父母感觉到在家庭中有控制感，让他们感觉能保持积极的人生观。

罗宾和她的兄弟姐妹很少待在家里。从很小的时候，他们就更喜欢与兄弟姐妹和朋友们在邻里间自由活动。在家的外面，他们可以自由地抱怨、争执、表达自己的想法和感受，无论正面的还是负面的。罗宾的兄弟姐妹觉得这样神清气爽。他们至少明白一点：这些他们父母不会容忍的感觉在别的地方是可以被接受的。然而，罗宾不一样。

罗宾从出生起就是一个敏感的孩子。作为父母的第三个宝宝，他们立即注意到她的性格与她的哥哥姐姐不同，她经常大哭。她母亲为她穿袜子时，或给她一个新的不熟悉的奶嘴，她都会大惊小怪。她的父母给她起了个昵称"哭哭宝宝"，一个改编自"跑跑先生"的玩笑。她慢慢地长大，从幼儿、上幼儿园再到上学年龄，她的家庭成员没少调侃她，虽然是善意的调侃，因为她太容易哭鼻子了。安静的流泪往往只会引来傻傻地调侃，但大声哭泣是另一回事。如果罗宾哭起来发出声音，就触犯了她父母制定的零容忍政策，她会立即被送回她的房间。

经历的所有这一切，罗宾学到了一个深刻的教训。她知道负面的情绪是坏的，不会被容忍。她学到她必须自己留着并仔细隐藏起来任何不积极、不乐观或负面的情绪。她对自己有这样的情绪感到羞愧，她默默地发誓永远不要让人看到这些情绪。随着时间的推移，她谨记这个教训，最后甚至连她自己也察觉不到自己的消极情绪了。她确保自己每时每刻都保持着积极和乐观。当她定期到达一个她不能再表现出乐观的时刻时，她完全退缩起来藏在她的公寓里。接下来，她要么把全部时间完全投入到她的工作职责中，要么把自己锁在公寓里贪婪地看电视节目。这帮她把所有的想法和情绪埋藏在心底，直到她重获能量继续抗击所有的消极情绪并再次"高兴"起来。

罗宾不只是在打这场战斗。她住在战场。她的一生都围绕着确保她没有泄露、看到、知道或感觉到来自自己内心的任何消极情感。这耗费了她巨大的能量。她如此执着地对外界隐藏她可耻的、负面的部分（罗宾版本的致命缺陷），她不能让任何人太了解她。这就是为什么她不会邀请朋友到她的公寓。她害怕他们可能会瞥见一些她不想被他们看见的另一面。

值得重视的一点是，经历所有这一切的罗宾，非常非常孤独。她知道她的父母、家人和朋友爱她，但她没有被爱的感觉。人很难从并不真正了解自己的人那里感受到爱，没有人真正了解罗宾，罗宾自己也不了解罗宾，她觉得自己和整个人类是完全隔绝的。别人似乎都很高兴也很完整，他们似乎彼此认识，相互照顾，还很自由。其他人看上去并不隐藏自己的一部分，他们看上去没这个烦恼。罗宾觉得她是置身世外地活着，自己像是在电影屏幕上看着自己、与世隔绝、孤单一人、完全不被人了解。她经常思考活着的意义。如果生活是这样的空虚，有这么多的折磨、痛苦、没有奖赏，为什么还要活着呢？

从青春期开始，罗宾就有了这种"看客"的感觉。13岁时，她开始琢磨自己哪里出问题了。她的童年很棒啊，所以也无法解释为什么她感觉有缺陷。有什么缺失了，她的内心生了病，她的心中有一个秘密的空洞。她可以安慰自己的唯一方式就是想象死亡，死亡是一种解脱。她并不是意图自杀，但她将这个可能性作为最后的选择。如果痛苦到达一个她不再能容忍的地步时,她总是可以结束自己的生命,然后就再也没有更多的挣扎,没有更多的空虚,再没有孤独,也没有更多的痛苦了。从13岁一直到她成年,罗宾用死亡的幻想和她最后的选择来安慰她自己,但她没有向任何一个人吐露过任何一个字。

现在让我们回到烧烤后的那一天,罗宾启用了她的最后选择。这是那一天真正发生的事:罗宾醒来,稍微有点宿醉,头脑里还回放着前一天晚上她玩得很尽兴的场景。她倒了一些麦片,坐在电视前面。她感到一朵乌云悬在她的头上,就像她已经进入"隐士模式"几个星期时一样。她感到筋疲力尽、嗜睡和空虚,除此之外就是麻木。她想借看一集旧的《安迪·格里菲斯》来驱散麻木和空虚感,但这不起作用,然后她躺在她的沙发上,开始想象她死了,这通常有帮助。这一次,似乎也不起作用,相反,空虚和痛苦感变得更加强烈了。她站起来,从客厅的一端踱步到另一端,来来回回地走。与此同时,头上的乌云变得更黑,空虚感更深了。她心不在焉地瞥到电视,看到在《安迪·格里菲斯》之后《沃尔顿》开播了。童年的记忆在她脑海中闪现,她的家人无情地责骂她,只是因为她看《沃尔顿》时哭了。她突然感觉到强烈的耻辱和自我仇恨叠加在她的空虚之上。她绝望地想阻止这份恶化的痛苦,罗宾冲进她的浴室,吞下她可以在药柜里找到的每一片药,许多药就是备着以防她遭遇这种绝望。

像你看到的一样，所有人都认识、喜爱的罗宾并不是真正的罗宾。她本质上是一个定时炸弹，总会定期爆炸。但这次有什么不同呢，导致罗宾对她的幻想采取实际行动？并不是一个戏剧性的事件，只是一个电视节目，使她的耻辱和自我责备在最糟糕的时刻到达顶点。在《沃尔顿》开播之前，罗宾已经陷入危险境地了。家人的批评和屈辱的记忆是"压死骆驼的最后一根稻草"，使她更深地陷入她自己的那口万劫不复的、孤独的、与世隔绝的井。最终，只是一次《沃尔顿》的重播压垮了她。

罗宾很幸运，她的姐姐路过拜访。很多像罗宾一样的人被发现时已经太晚了。这些是没有得到帮助的人，他们没有机会说出或理解自己的痛苦，他们也没有机会给任何人解释他们的最后时刻。我想，这些人常常让他们的亲人感到迷茫和困惑，永远无法了解发生了什么。

现在让我们回顾一下在第 3 章谈到的一些人，他们的故事将帮助我们从一些不同的角度来看这个问题。但在此之前，让我们暂停并考虑一下自杀情绪和情感忽视间可能存在的关系。在这里我想提醒大家，人类天生被设计成能感受到情感的。当这个设计发生短路时，首先这是由情感忽视的父母造成，后来继续由长大成人的孩子自己加剧，以至于整个系统都被抛弃了。想象一下没有糖的冰淇淋，或者一些最基本的命令遭到删除的计算机程序。人的心理故障就发生在情感被赶出心灵之时。

在许多方面，空虚和麻木比疼痛更糟。许多人告诉我，他们希望能感觉到随便什么情绪也不愿没有感觉。这种缺失感难以感知、理解或用言语表达。如果你硬是把空虚感用语言来表达，尝试向另一个人解释，其他人还是非常难以真正理解。对大多数人而言，空虚感似乎什么都不是。既然无从谈起，那么它既不好也不坏。但就一个人的内部功能而言，什么都没有绝对另有深意。实际上，空虚的内部有一种关于它本身的情绪，而且我发现它可以是一种非常强烈和强大的情绪。事实上，它完全有力量驱使人们做出极端的事情，仅仅为了逃避它。

记得西蒙吗，那个英俊的38岁的喜欢极限跳伞的成功人士？你可能记得西蒙有自杀的念头，因为他觉得非常空虚和麻木。对他来说，生活已经失去了情感连接、意义和激情。跳伞的刺激感是短暂的，不足以给他一个想要活下去的理由。

另一方面，大卫已经内化了"永远不要有感觉，不要表露感觉，不要向任何人索要任何东西"的信念。他的自杀情结就是源自于他想完成这项任务的愿望，这个他不知不觉地从他的父母那里接收到的愿望。因为大卫是个活生生的、有七情六欲的人，唯一他知道的完成任务的方式只有死亡。事实上，当我遇到他的时候，他已经基本上放弃生活本身了。

你可能还记得，劳拉过着完全切断了感情的生活。她用啤酒和割腕来释放情绪，但同时背负着强烈的耻辱感。劳拉住在用她自己的致命缺陷编织的监狱里。她觉得自己像个残次品，不可爱也没人理。劳拉的自杀念头源自她对自己的愤怒，因为她有感情，也有需要，自己却不能接受、承认或扼杀它们。在这方面，她就像罗宾。

卡尔计划在千禧年结束时自杀。来场轰轰烈烈的死亡这个想法能安慰他，因为他觉得他周围的人终将能够看到他永远无法通过言语与他们沟通的痛苦。当卡尔被情绪控制的时候，他用这个宏伟的逃世幻想来安抚自己。

我相信这四个情感被忽视的人都很可能将他们的自杀念头付诸行动。如果他们没有及时开始治疗，他们每个人都有能力做出真正伤害自我的事。所有这四人加上罗宾，都具有一些共同的特征：

- 空虚和麻木。
- 沉默地忍受痛苦。
- 质疑自己生活的意义和价值（为何活着？）。
- 避世幻想。

值得注意的是，大卫、劳拉、罗宾和卡尔都有慈爱的、善良的父母。他们都成长在舒适的中产阶级家庭，受到良好的照顾。没有一个被虐待过，他们都有美好童年的"华丽外衣"。对于所有这些人，只有一件事是真的错了，而出错的事情是无形的。这是一些不可察觉的东西，家庭内外的人都看不到缺了什么。

对于经历过情感忽视的人而言，那麻木和痛苦是不可告人的。像其他所有的情绪一样，他们不会与任何人诉说。随着时间的推移，你可以想象一下这对任何人都会造成的伤害。像河床上的洪流，它们逐渐侵蚀着一个人存在的根基：他的精力、动机、自尊心和对生活的热爱。

如果在成长过程中受到了情感忽视，这些对别人来说自然习得的技能就需要你在成年后自己去培养了。掌握一项技能很费工夫，需要你付出时间和有意识的努力。

第三部分
重拾动力

第5章

改变是如何发生的

　　提醒自己,逃避只会让你越来越偏离你所期望的轨道;提醒自己,所有值得拥有的事物都需要付诸努力。

填补缺失前,我们需要花点时间想想"改变"这件事:改变是如何发生的,怎样又不会发生,是什么阻碍了改变,当改变不随心愿时要怎么做(这种情况太常见了)。

在接下来的几章中,你会看到我使用了很多改变表格。这些是为帮助你填补情感忽视带来的内心空虚、调整伴随而来的习惯时使用的。当然这不意味着改变像表格一样只是一维的。我的顾虑是在你阅读这些章节时,你会觉得对于你面对的那些深植内心、复杂莫测、不尽相同的难题而言,这些表格只是简单的一刀切的方法。

我的目的并**不是**要创造一把解决一切问题的万能钥匙,这无疑只会增加你受到的情感忽视,那是我最不愿看到的。因此,在你阅读"重拾动力"这部分时,我建议你像吃自助餐一样,选择最<u>适合自己</u>的练习表、技巧和建议,根据对你有帮助的方式调整练习表。

同时,让我们来探讨一下有可能阻碍成功改变的几个最强大的因素。理解并记住这些因素,这样当你开始做出改变时,你可以很快地识别出这些随之而来的阻碍,并知道该怎么应对了。

阻碍成功改变的因素

1. 错误的期望

○ **改变是直线进行的**:刚开始尝试改变时,有这种期望很正常，觉得成功是自然累积的，感觉会随着时间越来越好，就像想象自己在爬楼梯，一次一步，能平稳地向上前进。然而，大多数真正的改变全然不是这么发生的，而是忽上忽下的，进两步、退一步。关键在于坚持克服退步，坚持不懈、始终如一，直到能迈出下一步。

- **遇到挫折就是失败**：遇到挫折就自认为失败是很危险的，会轻易让你陷入对自我的恼怒之中。对自己的愤怒是进步的一大敌人，很容易让你迷失方向或退步。
- **没法按计划进行，那干脆放弃算了**：无法按计划进行是改变发生的必经之路。如果你在努力改善饮食习惯、开始锻炼，或者改变任何一个长期形成的行为或习惯，那么非常有可能不止一次无法按计划行事。出现这样的情况完全**没关系**，对你最终的成功不会有实质性的影响，只要你坚持住，别放弃。

2. 逃避

想要改变，在不同层面都会遇到困难。首先，你要强迫自己做不熟悉的事情；其次，你要强迫自己做觉得困难的事；再次，像之前所说的，你需要坚持不懈；最后，达成改变要下很多很多工夫。

对以上这四个挑战最自然的反应就是逃避。要把这四点都做到也太难了吧？不去想这些挑战不是更舒服吗？对，不做当然舒服！但是，逃避和自我迁怒一样，也是进步的敌人，它像沙漠中的绿洲那样诱人，但最终只会让你在烈日下干渴难耐。

要抵抗逃避的诱惑，唯一的方法就是直接面对。记下你想逃避的那些时刻，转而直面挑战。提醒自己，逃避只会让你越来越偏离你所期望的轨道；提醒自己，所有值得拥有的事物都需要付诸努力。然后拿出你的改变表格，继续奋进。

3. 不适

改变可能是一件吓人的事。当你开始感到自己和过去不一样了，或是人们因为你的改变而用不同的方式对待你，你可能会感觉像生活在外星球一样。你不知道该怎么做，怎么回应别人。突然之间，身边的事物不像以前那样能给你带来安全感了。

根据我的经验，大多数人并没有意识到这种不适感的存在，但他们能感觉得到，并且自然而然地想放弃改变，回到之前的样子。这是完全自然的感觉和非常正常的反应，但这和之前我们讨论过的因素一样危险，因为它让你退回起点。例如，很多人第一次成功减重几磅后，会突然感觉不一样了。哪怕是自我感觉更好了，同时也让人感到陌生，那可是不舒服的。然后他们士气大减，渐渐不再努力了。请留心你也很可能会有这种不适感，你得知道这是正常但具有破坏性的。别让它拖垮你，一往直前，继续努力。

情绪的重要性及如何对待情绪

○ ○ ○ ○ ○ ○

情绪是生存的必需品，它告诉我们何时处于危险，何时该逃跑，何时该去战斗，值得去为什么拼搏。

1. 了解情绪的目的和价值

当今社会，我们低估了情绪的价值，情绪常被视为麻烦，人们觉得有情绪就是"多愁善感""自怨自艾""矫情"。表现出情绪还被认为是幼稚、柔弱、不堪一击的，是理性的对立面。我们倾向于认为聪明的人不会有太多情绪，而情绪化的人肯定不聪明，但事实上，最聪明的人用情绪帮助自己思考，也用理性管理自己的情绪。关键在于采用健康、平衡的方式来对待情绪。聆听情绪想告诉你的事，然后想想如何应对能使你的处境、你的生活，和你周围的世界更好。那些最有价值的科学发现大多都源于科学家对自己研究主题的无比的热忱。而科学家的研究热情有可能就来源于他希望找到一个方法让患病的亲人少些痛苦。总之最成功的人士都是遵循感觉行动的。

神经科学家广泛地研究了人脑的进化发展。对人类来说，进化出感知情绪的能力比思考能力早了几百万年之久。人类的情绪来源于边缘系统，边缘系统深埋于大脑皮层之下，而大脑皮层才是产生思维的脑区。由此说来，比起思维，我们的情感是组成我们的更为基础的一部分，它就像指甲、膝盖一样是我们的生理构成成分。我们无法抹去情绪或者否认它的存在，就像我们无法不感觉到饥饿和口渴，无法去掉胳膊和耳垂一样。

情绪为了什么进化而来？有时，尤其对于经历过情感忽视的人来说，情绪感觉像是负担。如果我们和朋友起矛盾了不会感到难过，开车被人抢道也不生气，面试工作前不觉得紧张不安,不是更好吗?表面来看,没有这些情绪,日子可能会过得更轻松些。但我坚信,如果我们没有情绪,生活不会变得更好,事实上,生活将变得无以为继。

情绪是生存的必需品,它告诉我们何时处于危险,何时该逃跑,何时该去战斗,值得去为什么拼搏。情绪是身体和我们沟通的方式,驱使我们行动起来。下面列举了一些情绪的目的:

情绪	功能
恐惧	告诉我们要逃跑/自我保护
生气	促使我们反击/捍卫自我
爱	驱使我们关心配偶、孩子和他人
热忱	促使我们去生产、创新、发明
受伤	驱使我们去改变现状
难过	告诉我们失去了某些重要的东西
同情	促使我们去帮助别人
厌恶	告诉我们要回避某些事
好奇	促使我们去探索和学习

现在明白了吧,每个情绪都有其目的。情绪有令人难以置信的作用,它帮助我们适应、存活、茁壮成长,而经历过情感忽视的人被训练要消除、否认、隐藏自己的情绪,有些人甚至因这个与生俱来的宝贵反馈机制感到羞耻。因为他们不会倾听自己的情绪,和其他人相比,他们在生活中处于劣势。拒绝这一至关重要的信息来源会让你变得脆弱,也可能降低你的成效,

也让你难以体会到生活的完满。

除了驱使我们做事,情绪还有很多其他的作用。情绪滋养了人与人之间的联系,正是这些联系赋予生活深度和丰富性,让生活有价值。我坚信,只有关系的深度和丰富性才是"生活的意义是什么"这一问题的最佳答案。与他人的情感联系有助于我们摆脱内心的空虚感以及存在的焦虑。

2. 识别及命名你的感觉

还记得第 2 章里有述情障碍的卡尔吗?卡尔的主要问题是他对自己的情绪**毫无**觉知。某种程度上,经历过情感忽视的人都有这个问题(虽然并不是都很严重)。也许你还记得卡尔不加区别地内化所有感觉,让它们烂在心里,最后剩下的就只有生气和恼怒。

当情绪被掩埋或忽视时,可能会发生些"有趣"的现象:

- 变成身体的病症,例如肠胃不适、头疼、背疼。
- 转变为抑郁,在饮食、睡眠、记忆、集中注意力、社交等方面引发一系列问题。
- 耗尽你的精力。
- 让你时不时爆发,或毫无原因地发脾气,会加重焦虑和恐慌发作。
- 让你与他人的关系、友谊只能停留在肤浅的层面,缺少深度

- 使你觉得空虚，有缺失。
- 让你质疑自己生活的目标和价值。

要阻止（或预防）以上现象发生在你身上，首先要学会认识你的感觉，并用文字描述它们，能说出"我感到难过""我很沮丧"或是"你那样做伤我心了"，这些话有着巨大魔力。当你能识别并能向自己和他人说出你的感觉的时候，你就掌控了方向盘，踩在前进的油门上了。这意味着你将内在的东西表达了出来，将不为人所知的情绪告知了他人，意味着你开始掌控自己。你在运用最有价值的资源：你的情绪，你生活的动力。

3. 学习监控自己的感觉

识别并表达出自己的感觉是种技能。和其他的技能一样，它需要下功夫，不断努力才能提高。在此我们会做一个练习，帮助你专注于识别和表达自己的感觉。第一次做这个练习时，请务必独自一人在屋内，免受一切干扰。

识别和命名练习

第一步

闭上双眼，在你的脑海里想象一个空白的屏幕，放空你的大脑。将全部注意力集中在屏幕上，关注你的内心。

第二步

问自己："现在我有什么感觉？"

第三步

仔细关注你的内心活动。注意那些跳入你脑子里的杂念并快速抹去它们。集中于这个问题：

"现在我有什么感觉？"

第四步

试着辨识你的感觉，并用文字描述它，你可能需要不止一个词。

第五步

如果你很难辨识出任何感觉，可以查阅本书最后部分的感觉词汇表，看看是否有一个或更多的词跃入你的眼帘。

第六步

当你找到了可以比较准确地描述你的感觉的词，就可以进入下一步，试着想想你为什么会有这样的感觉。

现在问自己：

"我现在为什么会感到＿＿＿＿？"

找到一种情绪背后的原因对很多人来说很困难，对经历过情感忽视的人尤其如此。问自己关于感觉的问题能让你更好地理解你为什么会有这些感觉。这里让我们举个例子来模拟一下这一过程。假设你识别出的感觉是难过。

再一次闭上双眼，专注于你的内心，根据需要问自己以下问题来帮助你更好地理解那个感觉：

"现在生活里发生了什么事让我感到难过？"
"最近是不是发生了什么事让我不高兴了？"
"最近发生的事是不是让我想起了过去一些难过或麻烦的事？"
"这种难过的感觉是否似曾相识？"
"以前我常会感到这样难过吗？"
"如果是，那是什么时候发生的，为什么会那样？"
"这种感觉是不是一直如影随形？"
"如果是这样，那过去发生了什么事让我在那时产生了这种感觉？"

这个练习看似简单，实则不然。经历过情感忽视的人往往难以自处，而这正是这个练习得以奏效的先决条件。如果你第一次尝试时感到十分困难，甚至觉得根本没法做到，你必须继续尝试。有些人发现瑜伽和冥想有助于培养关照内心的技巧，这些技巧在这项练习中非常重要。你在强迫大脑去做新的任务。实质上，你在重新构架神经活动网络，一个随着练习不断增强、性能更好的网络，哪怕有时练习并不成功。

以下面的情绪表格为模板，每天至少记录三次你的感觉。它的目的是让你逐渐学会关照自己的内心，这样当情绪出现时，你能自然地发现并关注它们。当这种自我认知形成之后，你就终于握紧了情绪带给你的力量，同时从耗尽心力去压抑情绪的情况中脱离出来。

情绪表格

*每天记录你的情绪三次

如有需要请参考情绪词汇表

周日	早	
	中	
	晚	
周一	早	
	中	
	晚	
周二	早	
	中	
	晚	
周三	早	
	中	
	晚	
周四	早	
	中	
	晚	
周五	早	
	中	
	晚	
周六	早	
	中	
	晚	

记住，要按照自己的需求来调整这个感觉表格。我之前也说了，这不是一个一刀切的方法！如果你觉得很难坚持，或者害怕自己做得不够好，请重新阅读第 5 章"改变是如何发生的"。

现在你知道自己的情绪了，下面我们将学习怎么对待情绪。

4. 接受并信任你的感觉

如果你的情感曾受到忽视，你很可能难以接受并且信任你的感觉。有些经历过情感忽视的人（如卡尔）完全意识不到各种情绪的存在，另一些人压抑自己的感觉，因为他们有个根深蒂固的想法：感觉是不好的，会给别人带来负担，让自己变成坏人。因此，请务必记住下面三条规则：

（1）没有坏的情绪

情绪本身不分好或坏、正确或错误、道德或不道德。每个人都会时不时感到愤怒、嫉妒、厌恨、想破坏，或是觉得自己优于他人。大多数人甚至都曾有想杀人的情绪。这些情绪本身并不坏，也不会让我们变成坏人，重要的是我们如何对待这些情绪。通过行为，而不是情绪来审视自己。

（2）情绪并不总是理性的，但它的存在总有其原因。

情绪不遵循逻辑原则，有时看起来令人费解，也无法预测。但只要你足够努力去试，所有情绪都是可以解释的。每个情绪都承载了身体想传达给我们的信息，无论看起来多么奇怪。举个例子，让我们回顾大卫的故事，一个四十多岁的商人，他孩童时期几乎无人监管。大卫曾经跟我分享过一种感觉，说他有时看到随便什么人在餐厅吃饭，会感到难以忍受的厌恶、排斥。他对这种感觉迷惑不解，担心这意味着自己疯了。最终，通过大量探索他经历过的情感忽视，我们找到了原因：大卫的边缘系统，在他无意识的情况下，将进食等同于关爱。大卫自己无法享受食物带来的滋养，就像他难以从情感上关爱自己一样，他也很难让自己接受营养上的滋养。

因此，当大卫看到别人卸下防备，通过享受食物汲取营养时，会感到无意识的厌恶。这个例子说明了，一个表面上看起来没道理、无意义的感觉实际上很有意义，有充足的理由存在。

（3）情绪很强大，依然可以被掌控

隐藏的情绪对我们有很强的控制力。当我们能意识到一种情绪，就能掌控它。大卫受强烈的厌恶感控制，为了逃避这种感觉，他不得不回避去餐厅。一旦他认识到这种感觉的根源，不再因为有这种感觉而批判自己，他就完全意识到并接受了这种感觉。他开始与之抗争，厌恶感也就慢慢失去力量，最后完全消失了。

IAAA 四步骤

IAAA 看似一个退休基金的缩写，实则不然。这四个英文字母分别代表着"识别"（Identify）、"接纳"（Accept）、"归因"（Attribute）和"行动"（Act）。这些步骤综合了上述三个原则，最大化情绪的价值，并从中汲取能量，获得指导。首先，识别情绪；其次，接纳情绪，不以对错来评断它；接着，试着察觉产生这个情绪的原因，也就是归因；最后，看看情绪是否对应着某个行动，如果是，以合适的方法来应对。

"你现在有什么感觉？"闭上眼睛，问自己这个问题。如果回答是"这个感觉快把我淹没了"，不要绝望。和情绪做朋友看起来复杂，甚至无法做到，但你一定可以做到的。当然，这需要时间，只要你持之以恒，就会开始发现自己有了小小的变化。这一点变化也许难以察觉，最初看起来也不重要，但每次你意识到了新的情绪，就意味着你在成长、学习。如果你发现自己太过挣扎，或终日徘徊在放弃的边缘，那我建议你找一个心理咨询师。技术娴熟的咨询师能帮助你学习这些技能，让你完全与自己的情绪相通，充分感受当下，感受活着的感觉。

5. 学习有效地表达你的感觉

记住，情绪本身不是坏事，如何对待情绪才是最重要的。一个有效控制和利用情绪的力量的方法就是适当地表达情绪。不要消极、冲动地表达情绪，而要自信而平和、有同理心地表达。"自信而平和"常出现在很多商业培训和研讨会中，但这个词是有特殊含义的。当你自信而平和地表达某些东西时，表达的方式是要让其他人可以接受的。为了保证充分的自信而平和，你必须对人有同理心、感同身受，要知道自己说的话会如何影响他人。

假设你正努力实践"识别和命名练习"中的所有步骤，越来越能察觉到自己是否在生气。某天，你在电影院排队，一个不讲道德的家伙就在你前面插了队。要自信而平和地应对这一情况，你不会将怒气压在心底，不会只是小声跟朋友抱怨，也不会对那个人大吼，说他是个混球（虽然你可能很想这么说）。你会拍拍他的肩膀，注意（带着同理心）不让他尴尬，小声但坚定地说："不好意思先生，但是队伍末端在后面呢。"最好的情况是他听后满脸羞愧，排到他应该去的位置，但当然他也很可能不这么做。关键是你表达了自己，没有将感觉关在心里，让它们从内部吞噬你。尽管你无法控制别人的反应，但只要你是自信而平和的，那么不管他怎么做，你都会为自己采取了合适的行动而感觉更好，怒气也没有被"打包回家"，之后也不会让你头疼或背疼了。

再举个例子。周五，你期待着和最好的朋友贝琪晚上出门逛街。正准备下班，老板让你去她的办公室，跟你说她不满意你在克里斯 P. 培根的工作上的表现，她还说你必须马上抓紧赶上，不然只能让你放弃这个客户了。老板扔给你这么多负面反馈后就让你走了，还祝你"享受"周末。经历这么一通意料之外的语言打击后，你的心情直线下降，心情郁闷地去见贝琪。

在这个情况中,你要做出选择。选择1:你可以选择不告诉贝琪发生了什么,毕竟觉得尴尬,或者你想把这事抛诸脑后,好好享受晚上的时光。选择2:你可以告诉贝琪发生了什么。

如果你做了第一种选择,很可能会事与愿违。你无法完全隐藏自己不开心的情绪,而她会整晚都在困惑今晚你为什么不像往常一样有趣。最后你可能会喝太多、闷闷不乐,甚至向她撒气。

如果你做了第二种选择,事情可能这么发展:

"贝琪,我很高兴今晚我们能出来,我太需要转移一下注意力了。我挺难受的,你都不知道我今天工作遇到了什么。我觉得被误解,不被感激,特别生气。"告诉贝琪事情始末,以及你的感觉,让她给你解读解读,安慰安慰你,或者只是听听也行。有过这样的对话,贝琪会觉得作为朋友跟你更亲近了,你也会觉得和她更亲近,同时也把这件事从心里解脱出来,更容易把它放一边,享受一个更好的晚上。

这里很重要的一点是,贝琪没有帮你解决问题,她只是倾听了你的故事。让你心情变好、能更好应对情绪的魔法在于你把情绪变成文字表达了出来并与他人分享。如果你从来没有用过这个魔法,尝试一下是非常重要的。如果感到向朋友或家人倾诉太困难,不妨联系专业的心理治疗师或咨询师,他们都接受过专门的训练，会帮助你学习这一过程。

上述的原则能适用于所有的情绪，如缺乏自信、不满或背叛。一旦你识别了情绪，接受它并且进行了归因，那么你就可以应对情绪了。你可以将情绪转化为文字，以适合的方式表达出来。有时，在一些特定情况下，对自己倾诉就够了，也有最好只对自己说的事；有时对不相关的第三方倾诉效果最好；也有些情况，需要直接跟相关的人说你的感觉。这时就需要自信而平和来发挥作用了。

6. 认识、理解和重视人际关系中的情绪

成长过程中经历过情感忽视的人常常误解人际关系中的情绪。以下我举几个例子虽不详尽，但很能说明问题：

1. 跟他人分享你的感觉或麻烦事会让他们觉得有负担。
2. 跟他人分享你的感觉或麻烦事会让他们与你渐行渐远。
3. 如果你让别人知道自己的感觉，他们会利用它作为对付你的把柄。
4. 跟他人分享感觉会让你看起来很软弱。
5. 让他人看到你的弱点会让你处于不利地位。
6. 想维持一段和谐的关系，最好别去争辩。
7. 诉说困难并不会帮助你解决困难，只有行动才能解决问题。

好在上面的这些想法都不是真的。事实上，每个都错得离谱。（唯一的例外是你向另一个经历过情感忽视的人倾诉你的感觉时，他可能不知道怎么回应你。）当你从小到大一直接收到的直接或间接的信息都在告诉你，你需要把情绪都藏在心里，那么很自然地，你会假设这些情绪对于别人来说是负担或令人不悦的。这一节正是关于克服这些假想的。如果你不能放下它们，它们会在生活中的方方面面束缚住你，尤其是在人际关系中。

首先，让我们先谈谈：

友谊

当你读这段被老板责骂，和贝琪晚上出门的故事时，是不是很难觉得故事里告诉贝琪事情原委是件好事？如果你真的遇到那样的情况，你会出于以上七种想法（或你自己的其他原因），绝口不谈遇到的麻烦吗？如果会，只有一种方法能了解到事情的真相，那就是做一个练习，我称其为：

乔治·科斯坦萨实验。

20世纪90年代，最火的一档电视情景喜剧当属《宋飞正传》。其中有一集里一个名叫乔治·科斯坦萨的角色，是个不折不扣的失败者，他决定用一整周做和往常相反的事。当一位亮眼的年轻女郎问他住在哪里时，他没有像平常一样说些半真半假的话，迂回曲折地暗示对方自己是个成功人士，而是说：

"我没工作,和爸妈住在皇后区。"说来很滑稽,但这也给乔治打开了新世界的大门。他发现自己不仅有了大把约会的机会,还得到了很多别的好处。

对我们的目标来说,乔治·科斯坦萨实验就是和以往不同,与其隐藏不如选择去分享你的感觉。就像是你告诉贝琪你的麻烦,看看这能否帮你应对你的情绪,看看贝琪是否会以此为把柄对付你,看看她是否会因此离你而去,看她是否会因此觉得负担累累,一晚上就这么毁了,看看她是否会因此对你改观,觉得你"很弱"。这意味着让他人看到、听到你的感觉,看看分享的行为会给你带来害处还是帮助。这意味着你勇于和你的朋友一起克服问题,而不是将问题推到一边,看它是否会摧毁你的友情。

没有什么办法是万无一失的。的确,有些友情扛不住建立深层情感的考验,但也可以说这样的友情质量反正也不高。总的来说,如果你能坚持乔治·科斯坦萨实验,我相信你会看到自己的人际关系越来越紧密、有深度,你自己的情绪也会更加平静、真实,其他人会看到你愈发坚强,而不是更脆弱。

经历过情感忽视的人通常是很好的倾听者,但他们不擅长诉说,尤其是说关于自己的事。这让他们失去了生活滋养自己的一种重要源泉。毕竟,人与人的情感联系是生活中重要的一部分,让生活更有价值,它是精致蛋糕里的糖,是人性的心跳。

接下来我们来说:

婚姻

我见过到访我的咨询室的一对又一对的夫妻中的一方表示对婚姻关系非常不满，但又解释不清楚原因。回想一下第 2 章中，专注于成就感和完美主义的父母崔西和蒂姆。崔西说："每当我试着跟他聊聊，他都拒我于千里之外。我知道他很痛苦，我想帮他，但我帮不到他。"通常不开心的一方会说："他没有虐待倾向，也不喝酒，还能很好地支持家里的开支。但我和他在一起就是不开心，有什么东西缺失了。"有些人能表达出他们需要比现在配偶所给的更多的亲密感，但要是配偶让他们解释这到底什么意思，他们无一例外回答不出来。

他们真正想要的其实是一种感情交融的感觉，希望他们的配偶能明白自己，自己也能明白配偶，双方能很自然地体会到彼此的情绪。因为情感纽带是生活的一部分，它既是一段关系的黏合剂，也是使其燃出灿烂火花的燃料。一段没有争吵的关系最终会消亡殆尽，真正能感情交融的夫妇会让对方知道什么时候自己感到受伤、生气，必要时通过争吵解决问题。这种"允许自己是脆弱的"想法能让激情长存，也能让夫妻避免去心理咨询或是离婚。

以上读过的关于友情的内容在爱情方面也同样适用。友情单靠共同的兴趣就能维持，起码能维持一段时间，而对爱情来说，感情相通不仅是需要，更是其基石。感觉是浪漫、相爱和长久关系的基础。

以下是我对婚姻中建立情感连接的几点建议：

1. 每天练习识别和命名感觉。
2. 遵循 IAAA 步骤。
3. 自信、富有同理心地对待你的另一半。
4. 提问！向你的另一半提问，听他的回答，再问更多问题。参考以下内容。

横向及纵向提问⊖

问题是千奇百样的，有的问题比其他的更重要。深知自己情绪的人自然地知道如何提出重要的问题。他们知道问什么能问到点子上，对事对人都是如此，而经历过情感忽视的人，出于之前我们讨论过的原因，除非他们自己培养，一般不具备这样的技能。

找到事情的核心或真正了解一个人的方法是练习在横向提问的同时加上纵向提问。横向提问的目的在于获取信息，而纵向提问旨在获得理解。例如，假设你丈夫拜访完他年迈的母亲后回到家，看起来一脸愠色。你的第一个问题自然是："去妈妈家怎么样呀？"他回答："挺好。"

在这个情境中横向的问答可以是：

⊖ 来源：Sharon Jacques, PhD., Psychological Care Associates, Couples Training Seminar, 2002.

问：你妈妈过得好吗？

答：挺好的。

问：她今天出门了吗？

答：她去了商店。

问：她喜欢上周我送的汤吗？

答：她挺喜欢的。

问：她看上去都好吗？

答：跟平常一样好。

问：还是有些抑郁吗？

答：她总是有点抑郁的。

问：你跟她说了明晚苏西有独舞表演吗？

答：说了。

注意到了吗，在这一问一答中，横向提问让你掌握了很多你想知道的信息。你问到了婆婆过得还不错，喜欢你的汤，也没有比平常更加抑郁，丈夫也告诉了她苏西的独舞表演。横向提问在获取和交换信息上很有用。我估计这构成了人与人之间交流 90% 的内容。

但有些时候仅仅横向提问是不够的，尤其是当你想更深地了解一个人和他的经历，或是深究一个事件的时候。接下来的例子还是从你丈夫拜访完母亲回到家说起，但这一次，你希望找到一个更加复杂的问题的答案，你想知道为什么你丈夫看上去不开心，为此，你需要采用纵向提问的方式。

以下列举了在这个情境中你可能用到的纵向提问：

问：你看起来不开心啊。妈妈一切都还好吗？

答：是吗？啊，她挺好的。

问：最近你看完她回来老是闷闷不乐的样子。怎么了？

答：（停顿了一下，在思考）我有吗？我都没发现。

问：她说了什么让你不开心吗？

答：唔，我觉得没有。

问：那你是想到要去见她就会不开心吗？

答：（停顿，又在思考）我也不知道……可能是看到她那么老了，我不知道她还能陪我们多久，她看起来太虚弱了。我放心不下让她自己生活。

转眼间，纵向提问就帮你的丈夫通过你更好地认识了自己，更深入地理解了自己和自己的感觉，将感觉用文字表达、与你分享了出来。现在他明了了自己的感觉，你就能听到，并帮助他消化、运用这些感觉。也许他的情绪在告诉他是时候多做一些来赡养母亲了，又或者情绪在告诉他应该开始准备有可能会失去她了。

在一个真正的纵向提问中，倾听对方的答案是至关重要的。你的下一个问题需要能够引导对方，将注意力转移到内心，深度发掘自己的情绪。整个过程需要由关心和同理心来贯穿。做得好的话，这就能帮助你找到问题的关键，触及对方的内心。在本章节中，我列出的步骤使得在人际关系中认识、了解和重视情绪看起来很简单，其实不然，这过程十分困难，即便对那些没有经历过情感忽视的人也不简单。如果你或你的伴侣经历过情感忽视，那你们更加需要努力，甚至可能需要借助外部资源协助你们练习这些不同的步骤。

我知道你可能不太愿意寻求帮助。但我希望你能考虑让专业人士帮助你，来应对在学习和培养本章和第 7 章"自我关怀"中的技巧时可能面临的困难，摆脱停滞不前的情况。

第7章

自我关怀

○ ○ ○ ○ ○ ○

像对待别人那样对待自己。

在照顾自己和满足自己的需求这方面，经历过情感忽视的人经常在以下四个方面做得很不足，这不难理解。童年时期经历过情感忽视的成年人常常不知道自己的需求是什么。经历过情感忽视的人不仅对他们自身的欲望、需求和感受毫不关心，而且他们经常看不到这些。在此我们要讨论的四个方面分别为：

1. 学习关爱自己
2. 提高自我约束能力
3. 自我安慰
4. 对自己有同情心

以上四种技能对童年受到父母良好关爱和管教的人来说是自然而然习得的。如果在孩童时期父母对作为小孩子的你的感受有足够的同情心，足够的共情，成年后你也会这样善待自己。如果在孩童时期父母与你的关系足够亲密，他们足够关心你、接纳你，那么成年后的你更善于建立亲密关系。

如果在成长过程中受到了情感忽视，这些对别人来说自然习得的技能就需要你在成年后自己去培养了。掌握一项技能很费工夫，需要你付出时间和有意识的努力。在本章中我们将逐一探讨这些技能：它们意味着什么，如何自己培养这些技能。最初尝试这些技能时，你可能会感到很奇怪和磕磕碰碰。关键在于坚持，无论你有什么感觉都要坚持下去。这是少数我想让你忽视你自己的感觉的时候！所有的技能养成都需要坚持，我保证这些坚持都会有所回报。

  阅读本章时，你会看到我自创了一个特殊的追踪记录表，我将其统称为改变表格。当你开始培养这些技能并使用改变表格时，请注意，如果你想同时学习所有技能，你会觉得难以招架。我建议一次学习一个技能，并且最好按照本章提及的顺序进行。至多一次同时学习两个，但掌握好一个之前不要开始下一个。如果其中一个技能对你不管用，那么请果断放弃，转而选择其他更适合的技能。切记要慢慢来，集中精力培养一个技能，要远强于分散精力，浅尝辄止。

  想要掌握本章讨论的所有技能都不容易，很多人努力了好多年来掌握它们。使用改变表格时，非常重要的是要给自己大量的时间，理解自己、关心自己，为自己的进步而骄傲。遇到挫折时，也不要迁怒于自己，慢慢地回到正轨即可。

自我关怀第一部分：学习关爱自己

  或许你会疑惑这是什么意思。"关爱"一词有很多不同的解释，此处所指的自我关爱是那些让你能拥有健康生活、享受生活的必要的步骤。如果你是健康的、享受生活的，你会对身边的人产生积极的影响。你的健康和快乐会产生连锁反应，惠及你的配偶、儿女、朋友和更多的人。经历过情感忽视的你或许已经很会照顾他人，但现在你该开始关注自己的需求，开始照顾你自己。以下四个步骤能帮助你学习如何关怀自己。

步骤一：将自己放在首位
步骤二：调节饮食
步骤三：锻炼身体
步骤四：休息和放松

关爱自己步骤一：将自己放在首位

让我们从"将自己放在首位"开始。什么？你是不是说：这太自私了！但其实不是这样的。当你是健康、强壮的，你就能释放更为丰富、有深度、健康和强大的能量。我喜欢这样来思考这个问题：在飞机安全通知中，乘务员会提醒大家，如果氧气面罩在每个座位前垂下，成人需要先戴好自己的面罩，再帮助别人。尽管很少有人认真听安全通知，但这一要求十分合理，如果你自己都呼吸困难，就没法帮孩子戴好面罩了。这条规则适用于生活的方方面面。只有你自己稳定、坚如磐石，你才能更好地帮助别人。

当你开始尝试将自己放在首位时，可能会受到他人的抵抗，令人惊讶的是，这些抵抗主要来自于身边最亲近的人。试着这样想：最了解你的人往往预期你的行为是固定的，例如他们知道你会答应他们的请求，因此第一次你拒绝时他们会大吃一惊，继而感到恼火，并且会向你传达这些情绪。请记住这在改变过程中是非常正常的。做出改变对自己和那些亲近的人来说都不容易接受，即使是健康、积极向上的改变也一样。有时向最亲近的人做些解释能帮助你更好地进行改变。告诉他们你在努力做到更好的自我关怀，可能会和以前不太一样。这也许需要一段调整期，但真正关心你的人最终都会和你一起去适应，甚至会敬佩你的努力。

要学会如何更好地将自己放在第一位，如下我列了一些指导方法，能够有所帮助。培养这一技能时，你会发现一些方法较其他而言实践起来更加简单。阅读时，请务必思考哪些方法是你最需要借助帮助的。我设计了改变表格来帮助你逐一尝试这些方法。

学会说不。毫无疑问，生活中身边的人很了解你，他们知道你会有求必应，因为经历过情感忽视的人都是如此。对别人充沛的同情心让你觉得自己有义务去答应朋友、家人、孩子、老板的一切要求。应许他人本身没错，这是维系积极关系、推进生活进步的重要环节。问题在于你总觉得除非有特别好的理由去拒绝，否则必须答应。结果，你最后总是太过牺牲自己，答应别人做些自己其实没有时间精力投入的事。走出这一窘境十分重要，只有这样你才能做出对自己最好，也考虑其他人需要的选择。

自信而平和的第一原则就是任何人都有权利要求你做些事，相应地，你也有权利拒绝，而不用给出理由。如果人人都这么做，在需要的时候自由地寻求帮助，想拒绝的时候就拒绝，那世界会变得更加美好。人与人的界限会更加清晰，避免很多无谓也无用的愧疚感萦绕四周。如果你拒绝他人时心怀愧疚，或者发现自己因为难以拒绝才答应他人，那么请找一本关于自信而平和的书来读读，并尽力克服这种心理。需要拒绝时就拒绝，无须带有愧疚或不适的感觉，这是自我关怀的基石之一。

阅读关于自信而平和的书籍能帮助你了解并接纳这一观念，从而希望你能转变自己的生活哲学。随着你的价值观得到转变，你还必须进一步转变你的行为。请使用下一页的"说不"改变表格，记录下每天拒绝他人对你过度的要求的次数。

"说不"改变表格

*记录你每天说"不"的次数

	一月	二月	三月	四月	五月	六月	七月	八月	九月	十月	十一月	十二月
1												
2												
3												
4												
5												
6												
7												
8												
9												
10												
11												
12												
13												
14												
15												
16												
17												
18												
19												
20												
21												
22												
23												
24												
25												
26												
27												
28												
29												
30												
31												

就如我之前所说，尝试陌生事物的次数越多，就越能适应。随着时间的流逝，它会慢慢成为一个自然的过程，无须你再耗费太多精力。改变表格的重点不在于记录次数的增加，毕竟每天的情况都不相同，适合拒绝的次数也不相同。重点在于完整地记录下你的行为的转变过程。同时，记录表也提醒你每天去练习这一技能。你脑子里记着晚上要写下说"不"的次数，就很难忘记你正在练习说"不"这件事了。

寻求帮助。经历过情感忽视的人骨子里很抗拒依赖他人。在第3章中我们以大卫为例，讲述了他对依赖他人的抗拒。大卫内化了他父母传达的信息："永远不要有感觉，不要表露感觉，不要向任何人索要任何东西"，成年后他也一直如此。当你度过一生都不知道依赖他人不仅是个选择，更是必要的，那么你就很难从另外的角度看待依赖。

经历过情感忽视的人在寻求帮助这一方面也会感到困难。如果你本身难以拒绝他人，那么你也很难主动要求他人帮助。自信而平和是双向的。经历过情感忽视的人常常深陷两难境地。答应别人的请求在你看来是必需的，哪怕只是个社交邀请，而且你会很自然地假设别人也是这么想的，而你并不想让别人有这样的负担，所以觉得要求帮助很不舒服。在你的认知世界里，没有人会拒绝他人，这样想，你最后总会吃亏的。这样的想法让你能够帮助别人，却无法在需要时寻求帮助。你能看出这样对你并无益处吗？

要想从这样的困境中解脱，你得接受一个想法：其他人并不会在拒绝的时候内疚或难受。其他人对自信而平和这一规则有自然的认识，大多数人对寻求帮助和拒绝要求都不会感到太纠结。当你也成为这样的人，新世界的大门就向你敞开了。

请使用下页的"寻求帮助"改变表格，来记录并让自己意识到自己在更多地去寻求帮助。

"寻求帮助"改变表格

*记录你每天请求帮助的次数

	一月	二月	三月	四月	五月	六月	七月	八月	九月	十月	十一月	十二月
1												
2												
3												
4												
5												
6												
7												
8												
9												
10												
11												
12												
13												
14												
15												
16												
17												
18												
19												
20												
21												
22												
23												
24												
25												
26												
27												
28												
29												
30												
31												

发现你的好恶。 从小到大，也许很少有人关注你的喜好，例如"你今天想做点什么？""想去比萨店还是汉堡店？""这件衬衫你想要绿的还是粉的？""你觉得那个怎么样？"童年遭受情感忽视的成年人很难了解自己。还记得第 3 章我们提到的乔什吗，他对自己有不切实际的评价。童年时期很少有人问过乔什这类问题，因此到了大学他也不知道自己的兴趣是什么，喜欢什么，什么样的专业适合自己。成长过程中父母表现出对你的兴趣多少和类型会决定你在有些方面比较了解自己，而另一些方面则非常迷惑。以下这些问题能帮助你找到你在了解自己好恶方面哪里有缺失。

- 你最喜欢的食物是什么？
- 你最喜欢参与的运动是什么？
- 你最喜欢观看的运动是什么？
- 你真的喜欢运动吗？
- 你对时尚敏感吗？如果是，你喜欢什么风格？
- 你最喜欢怎样过周六？
- 现在的工作/职业是否适合你？
- 你最喜欢哪类电影？
- 你喜欢读哪类书？
- 你能说出自己有什么愿意去培养的天赋吗？
- 如果你能去世界上任何一个地方，你会去哪？
- 你有足够多的朋友吗？

- 你喜欢现在的朋友吗？
- 你最喜欢和哪几个朋友一起玩？
- 你擅长什么？
- 你最不喜欢的家务是什么？
- 你最不喜欢的活动是什么？
- 哪些事让你花最多的时间去完成？

类似的问题还有很多，先写到这里。如果你能容易地回答绝大多数的问题，那么恭喜你，这是好事。如果很多问题你都需要纠结，这一定暗示了生活中你太过关注外部世界（因为从童年开始你就慢慢习得了这种模式），而不太关注你自己的内心世界。关怀自己的关键之一就是知道自己喜欢什么，知道喜欢什么才知道自己想要什么。那么当你的伴侣或者朋友问你"晚饭去哪吃，意大利菜还是希腊菜？"，你就能给出回答了。给出了答案，无论对方是否同意，你都在自我关怀方面迈出了重要的一步。

使用之后的"好恶"改变表格记录你能想到的所有喜欢和不喜欢的东西。可以包括例如地方、颜色、食物、活动、家居风格、人、人的行为，或你自己的心情等。凡是能分类的，都记录在表格里。接着每天慢慢记录下来想到遇到的新东西。跟踪并记下你喜欢和不喜欢的东西，这不仅仅能帮助你了解自己对事物的感觉，还帮助你去掌握这些感觉。喜欢或是不喜欢什么都没有对错之分，都是客观存在的情感，确确实实并且非常重要。

"好恶"改变表格

喜欢的	不喜欢的

优先自己的享乐。当你自幼经历过情感忽视，你很可能不会深入地考虑和选择让自己去享乐，而会把别人的愿望摆在你自己之前；或者你的家庭忙于生计，没有什么空闲去娱乐。如果在成长过程中，你的父母对待你的方式属于任何一种情感忽视的方式，那么很可能你成年后不会重视自己的快乐和娱乐。要改变只有一个选择，其中就包括把你自己放在第一位。

某种意义上最后这点涵盖了前三点。为了优先自己的享乐，你要拒绝那些离自己兴趣太远的要求；需要不时地主动寻求帮助，这样才能感受到他人充足的支持与连接，以便更好地获得各种机会；你也需要知道你喜欢什么，有的放矢地寻找符合兴趣的机会。

也许你又会犯嘀咕："如果我把自己放在第一位是为了寻求享乐，不会变得特别自私吗？"请记住：每个人都需要并且有权利去享乐，你和别人一样都有这个权利。有时你需要拒绝一个人，才能给自己点空间和另一个人一起享乐。这不是自私，而是平衡，给予和收获的平衡，自己和他人的平衡。别害怕优先自己享乐这件事。跟大部分人相比，经历过情感忽视的人自私的可能性都要更低，因为你几乎是被训练来将你自己的需求、愿望和欲望放在一边，要想自私真挺困难的。

当你已经习惯性地将自己的快乐放在最后考虑，光下决心想要改变是远远不够的。决心改变是重要的第一步，但还必须付诸实际行动。也许你已经猜到了，这里又有一张 改变表格，即"享乐优先"改变表格。这张表能帮助你记录并且帮你持续意识到你需要做出不同的选择。只要持续努力一段时间，不适感就会逐渐减少。你的大脑会开始自动做选择了，直到这慢慢变成你的第二天性。直到某个时刻，你会惊喜地发现，生活变得不那么平凡乏味了。

"享乐优先"改变表格

*记录你每天优先满足你自身的享受的次数

	一月	二月	三月	四月	五月	六月	七月	八月	九月	十月	十一月	十二月
1												
2												
3												
4												
5												
6												
7												
8												
9												
10												
11												
12												
13												
14												
15												
16												
17												
18												
19												
20												
21												
22												
23												
24												
25												
26												
27												
28												
29												
30												
31												

努力把自己放在第一位是个良好的开端！因为只有做好这点，你才能在饮食、锻炼、休息和放松上有所进步。后三个技能都是生理层面上的自我关怀，关于如何提升你的身体机能和如何使用精力。

关爱自己步骤二：调节饮食

并不是所有忽视孩子情感的父母都会忽视孩子的饮食。但就如我们之前所说，家长们或许提供了充裕的食物，但还是可能在饮食方面忽略孩子的情感。帮助孩子建立健康的饮食习惯是为人父母的责任。很多家长就算没有忽视他们孩子的情感也还是做不好这点，因为他们自己都没有建立好的饮食习惯，没办法教给孩子自己也不会的事啊，但是对孩子情感忽视的父母在饮食方面的失职同他们在其他方面失职的原因一样。

在我们进一步讨论饮食之前，请先回答以下关于你成年后饮食习惯的问题：

1. 如果你现在已婚或者也有孩子，你会经常和家人一起吃饭吗？
2. 你注重食物营养吗？是否会确保自己饮食均衡？
3. 你会在家里常备很多垃圾食品吗？
4. 你是否吃了过多的垃圾食品？

5. 你是否仍然青睐"儿童食品",例如热狗、鸡块或比萨?
6. 你是否确保摄入了大量蔬果?例如每餐都吃一点。
7. 你厨艺好吗?
8. 家里是否出现过一点做饭的食材都没有的情况?
9. 你会吃很多冷冻或者即食食品吗?
10. 你是否有时忘了吃饭?
11. 你是否倾向过量饮食?

继续阅读前,请先以"是"或"否"回答以上的问题。给出答案后,请接着回答以下关于你**童年**饮食情况的问题。

1. 在你成长过程中,家人常常坐下来一起吃饭吗?
2. 在你成长过程中,你的父母是否关心并确保你饮食均衡?
3. 在你成长过程中,家里是否有很多垃圾食品,例如薯片、饼干、雪糕、糖果或甜食?
4. 如果家里有很多垃圾食品,你的父母是否会紧密监督你吃了多少垃圾食品,什么时候吃的?
5. 父母是否常让你把热狗、鸡块、比萨当饭吃?
6. 每顿饭都有蔬果吗?
7. 你的父母是否起码有一人厨艺不错?
8. 家里是否出现过一点做饭的食材都没有的情况?
9. 你的家人是否吃太多冷冻或即食食品?
10. 孩童时期你是否有时不吃饭?
11. 孩童时期你是否会过量饮食?

也许你已经注意到成年阶段的一些问题和童年阶段的问题是直接相对应的。请回顾问题和你的答案。这里我们寻找的是你成年后的饮食情况和你童年时期的饮食习惯相同的地方。童年就像你的生活进行程序编写的阶段，成年后的我们大多会运行孩童时期写好的程序。例如，回想一下三年级的扎克，他的母亲对他无比纵容，看过老师的告状信之后，扔给他一个足球和雪糕，让他不再难过。每个家长都可能时不时地用食物来安慰孩子，但如果扎克的母亲频繁地这样做，或者在错误的时机也用这一招，那么她就会无意间教会孩子用食物来应对自己的情绪。成年后扎克可能会继续这么做，这让他因错误的原因选择错误的饮食，对健康有害无益。

很多成年人都极大地低估了孩童时期父母所写的程序对他们的影响。成年后我们以为自己可以做出自由选择，都是自己做决定。但事实是，童年时期父母为我们写下的程序影响力极为强大。当然尽管重写程序可不简单，但还是可以做到的。回顾饮食相关的问题，你也许会发现童年部分的一些答案与成年部分并不完全吻合。有些童年写好的程序可能被你自己克服并删除了，或者被其他的生活经验改写了。

作为经历过情感忽视的人，你的父母或许就没有教你任何跟饮食相关的事。对此你没有别的选择，只能自己去弥补父母留下的空白，自己写程序。为更好地说明，让我们回顾一下第2章"对自己毫无同情，对他人满怀同情"部分提到的诺埃尔。从初中到高中的每一天早上，诺埃尔都给自己用微波炉热一个冷冻的鸡肉三明治作为早餐。因为父母没有照顾到她对新鲜、健康食物的需求，诺埃尔不得不自己想办法找点吃的。于是她稚气的解决办法就变成了她的程序。在我见她的时候，这一程序还一直运行着。作为一个成年人，她和她的丈夫孩子几乎只靠冷冻食品和外卖果腹。这个例子说明经历过情感忽视的孩子自己编写的程序同父母为他们编写的一样影响深远。

　　通过回答童年和成年时期的饮食问题，你是否发现自己有些不健康的饮食习惯呢？是否在为了改变这些习惯而挣扎？如果是，这些都可以理解。我们儿时写好的程序不是那么轻易就能改变的。当我们长大成人，这些程序不再仅仅是习惯，而成了我们的生活方式。改变生活方式很困难，但完全是可能的，只是需要努力。我希望你在意识到你的饮食问题是由儿时经历过的情感忽视造成的，你可以不再责备自己，这样会减少你的沮丧感。不再继续浪费精力在自责和自怨自艾上是非常重要的，要将精力更多地用于自我关怀上面，并做出改变。

　　要重写不健康的程序，你需要用到很多第 6 章中学到的情感技巧和本章中你已经学过的技巧。时刻关注着你的感觉，接受它们并与他人分享，这样能帮助你避免因为感情用事而吃东西。需要拒绝的时候就说"不"。寻求帮助，并善用得到的帮助。优先自己的享乐，这样你就不会过度依赖食物来奖励自己，获得愉悦感。使用"饮食"改变表格来改变你在本节中发现的饮食问题。还有再次提醒一下，尽量避免一次尝试改变多个习惯。

"饮食"改变表格

*记录你每天克服不健康习惯的次数

	一月	二月	三月	四月	五月	六月	七月	八月	九月	十月	十一月	十二月
1												
2												
3												
4												
5												
6												
7												
8												
9												
10												
11												
12												
13												
14												
15												
16												
17												
18												
19												
20												
21												
22												
23												
24												
25												
26												
27												
28												
29												
30												
31												

关爱自己步骤三：体育锻炼

尽管多年来的研究结果一致而清晰地表明体育锻炼是达到强身健体目的的最主要的活动，大多数美国人还是不锻炼。根据亚特兰大疾病控制与预防中心 2009 年的数据，只有 35% 的成年人参与日常休闲体育活动。人们总有各种理由不遵循医生和健康研究人员的建议。以下三点是终身锻炼的基石，如果能做到会受益良多：你能意识到并理解锻炼的价值和重要性；你找到了能乐在其中的运动方式；你有良好的自我约束能力。

现在你已经进一步了解了情感忽视和童年已经编写好的程序，你就能明白经历过情感忽视的人为何会在以上三点中的一个或全部方面面临额外的挑战。

你的年龄决定了你是否有机会了解锻炼的**价值**。很可能你的父母自己都不知道这些，因为大部分相关研究是过去二十年左右才出现的。一般来说 30 岁以上的人大多是自己认识到锻炼对健康的益处的，而不是父母教他们的。因此父母没有教并不意味着就是情感忽视，但如果你没有意识到锻炼的重要性，你就很难开始进行改变。

如果在这方面你没有受到情感忽视，那么很可能你的童年是在享受运动或体育活动中度过的，这样的习惯也许能一直保留到成年后。例如，如果你的家庭周末出行会去滑雪或远足，或者家里支持你玩一种运动，如篮球、足球、网球等，而你也享受其中，成年后你更有可能珍惜体育锻炼带来的乐趣。当你发现自己享受锻炼，那你成年后自然更容易将其提上日程。

自我约束能力或许是经历过情感忽视的人参与体育锻炼的最大阻碍。在第 3 章中我们谈到威廉，在他童年时期，他的单身妈妈对他毫无管束，不强迫他做任何不喜欢的事。当你在成长过程中被管教得太严或者太松，就没有机会内化一种健康的约束自己的能力。你不知道如何让自己做不想做的事，在这里指的就是运动。之后在本章中你能对自我约束能力有更多了解。

为评估你在体育锻炼这三个基石的情况，让我们先从**成年**生活开始问起：

1. 你是否相信锻炼是重要的？
2. 你认为自己积极好动吗？
3. 你是否享受参与一种或更多运动？
4. 在你不想锻炼的时候，是否能强迫自己锻炼？
5. 是否有一种或更多的体育活动让你觉得有趣？例如有氧操、远足、跑步、游泳、举重、骑车。
6. 你是否应该做更多运动？
7. 总体而言你是否能很好地进行自我约束？

在继续阅读前，请先以"是"或"否"回答以上七个问题。当你回答完所有问题后，请接着回答以下和**童年**有关的问题：

1. 在成长过程中，你认为父母相信体育锻炼很重要吗？

2. 你觉得儿时的自己活泼好动吗？

3. 小时候你是否享受参与一种或更多运动？

4. 儿时父母是否会在你不情愿的情况下让你出门玩或者做其他活动？

5. 儿时的你是否喜欢运动量大的游戏？

6. 你是否认为儿时应该有更多锻炼？

7. 总体上儿时父母对你是否管得太松（纵容型父母）或管得太严（例如专制型父母）？

在调节饮食部分已有相似的问答，所以相信你能更容易地看到童年和成年后的答案的关联性。如果你发现自己足够好动，在这方面一点问题都没有，那么恭喜你，你是那少数的35%之一。这也许是父母培养的，又或者是之后你自己习得的健康习惯。无论如何，你状态不错。

如果你能看出来自己在体育锻炼有哪方面还需要加强，请阅读"自我关怀"的第二部分"提高自我约束能力"。同时使用"体育锻炼"改变表格，付诸努力，改变行为，以便在这方面也能关爱自己。

"体育锻炼"改变表格

*哪天锻炼了，就打个钩吧

	一月	二月	三月	四月	五月	六月	七月	八月	九月	十月	十一月	十二月
1												
2												
3												
4												
5												
6												
7												
8												
9												
10												
11												
12												
13												
14												
15												
16												
17												
18												
19												
20												
21												
22												
23												
24												
25												
26												
27												
28												
29												
30												
31												

关爱自己步骤四：休息和放松

我们已经谈过将自己放在首位、调节饮食和体育锻炼，最后一个关键点在于关注你放松的能力。我发现绝大多数经历过情感忽视的人可以分为两类：要么休息或放松得太少，要么太多。有些人则在两个极端中来回徘徊，难以达到平衡。让我们先花点时间来看看情感忽视是如何导致这种失衡的。

父母若是与孩子有很好的共鸣，就能知道什么时候孩子饿了，尽力确保孩子按时吃好饭。同样地，这样的父母能看出来孩子什么时候累了，并且确保孩子得到休息，**无论孩子自己是否想休息**。理解孩子、懂得观察的父母不会根据自己需要让孩子休息，而是让孩子按照常规作息时间休息，这样能教会孩子遵循规律且持续地照顾好自己，或者让孩子明显显出疲惫的时候就去休息，这能让孩子学会发觉自己疲惫的迹象，知道如何在需要的时候好好休息。在这一过程中，家长的观察和情感共鸣结合接下来的行动都会教会孩子，让孩子有机会自己内化所有这些技能。这样一来，成年后他能很好地察觉自己的身体状况，知道自己什么时候感到疲劳，无论疲劳的信号是暴躁、沉默、发傻、迷糊或是其他，只要他注意到，脑子里就会敲响警钟："好了，你需要休息放松一下了。"然后他会尽力让自己休息一下，**无论他主观上是否想休息**，就像童年时他父母照看他那样。这个场景中值得注意的是他需要让自己做主观上不想做的事，这是另外一个技能，却又与此息息相关。

所有的孩子都会偶尔犯懒。如果孩子太懒惰了，理解孩子情感的父母会注意到这个问题，也有责任督促他们参与到活动中，**无论孩子想不想**。一个六岁的孩子不应该被允许连续看四小时电视，一个青少年也不能被允许躺在床上听一天 iPod，这些对孩子都毫无益处。纵容孩子做这些的父母也许只是为了自己考虑，眼不见，心不烦，如果一个孩子不碍手碍脚、不惹事，父母就自由了。诚然没有父母在这点上是完美的，但总归可以判断他们做得是不是**足够好**。如果家长做得**不够好**，孩子在成人后就可能连起床都做不到，**无论他想不想**。

以自恋型和反社会型父母为例。正如在第 2 章所说，这两类父母倾向于将自己的需求凌驾于孩子之上。在所述情况中，父母让孩子在一些特定的时间休息，只是因为自己累了，想要休息，或者父母不让孩子在需要的时候休息，因为自己不方便。专制型家长可能将孩子的疲劳误解为对自己的不尊敬，以为孩子不爱自己，因此感到被冒犯或受伤；离异/丧偶型家长、成瘾型家长、抑郁型家长、工作狂家长、照顾伤病家属的家长和"都是为你好"型家长则会仅仅因为不加注意，让孩子玩到筋疲力尽而不知；放任型家长一味想逃避冲突，所以根本不会介入孩子这个层面的需求。成就/完美导向型家长则将自己的需求置于孩子的需求之上，要求孩子学习、练习小提琴而不顾孩子显现出来的身体需求。

在以上所有这些例子中，孩子都没有得到自己需要的休息。他没能学会读懂自己的身体信号，没有意识到当自己很累的时候，休息十分重要，或太多休息也是不好的。他也没有学会控制自己的冲动，这是自我约束能力至关重要的部分。

作为经历过情感忽视的人，很重要的是你需要确定父母在哪方面对你有所疏忽，不管是有心还是无意，自己要去为了自己慢慢修正。想一想你是否会放任自己休息太多，还是休息得不够。你是否会在这两个极端中来来回回？如果情况如此，请使用"休息放松"改变表格，学着关照并调节你的休息需求。同时请阅读下一部分"自我约束能力"，这是自我调节的重要一步。

"休息放松" 改变表格

*哪天你休息和放松了,就打个钩吧

	一月	二月	三月	四月	五月	六月	七月	八月	九月	十月	十一月	十二月
1												
2												
3												
4												
5												
6												
7												
8												
9												
10												
11												
12												
13												
14												
15												
16												
17												
18												
19												
20												
21												
22												
23												
24												
25												
26												
27												
28												
29												
30												
31												

自我关怀第二部分：提高自我约束能力

相信你已经注意到"自我约束能力"这个词在书里出现很多次了，因为这是经历过情感忽视的人非常常见的一个问题。尽管自我约束能力缺失有很多可能的内在原因，例如抑郁症或注意缺陷障碍，我发现情感忽视也是其原因之一。很多经历过情感忽视的人会轻易地说自己有拖延症，也有些人说自己很懒。他们通常都纠结于饮食过量或饮食不足、过度消费或酗酒。如前文提到的，很多经历过情感忽视的人难以强迫自己参与体育锻炼、做枯燥的事或是任何无法立刻得到乐趣或回报的事。

这些听起来好像毫无关联，但其实归根到底都是一件事：**让自己做不想做的事，和停止做你不应该做的事**。这是经历过情感忽视的人常有的两难困境。

看完第 3 章中威廉因缺乏自我约束能力而挣扎，以及本章里有关调节饮食、体育锻炼、休息与放松的部分，你也许能大致感觉到为什么会这样。人并不是生来就有能力调节和控制自己，这是幸运的人们在儿时学会的重要技巧。他们是这样学会的：

当你的母亲喊你别再和邻居朋友玩了，因为到了饭点或睡觉时间了，她就在教你这个重要的技能，她在教你有些事情必须做，尽管你并不想去做。当你的父亲给你布置每周除草的任务，并且温柔但坚定地督促你完成时，他在教你如何去做自己不想做的事，以及能收获什么样的回报。当你的父母确保你每天刷两次牙，当他们不让你吃甜食，又或者因为你拖沓作业而给你设置每天放学后的功课时间，当他们因为你忘了回家而提前宵禁时间作为后果，但仍然爱你的时候，父母的这些教导和反馈都会被儿时的你内化。你内化的不仅是督促自己做事和停止做某些事的能力，同时也内化了父母教导的声音，之后它们就会变成你成年后自己的声音。

这种内化的父母的声音极其重要，但在经历过情感忽视的人身上就常常出错。让我们以第3章中"自我约束能力"部分的威廉为例。威廉忙碌的单亲妈妈非常爱他，童年时期她让威廉随便玩耍，既不用做家务，也不太要求他在学校怎么样。威廉是个聪明、讨人喜欢，甚至可以说有魅力的男孩，每个人都希望给他最好的。他的老师对他管教也很松，因为他们知道威廉聪明也有能力。威廉回忆自己的童年是快乐而自由的，所以成年后自己在工作效率和自信方面的挣扎让他感到困扰不解。他的妻子也因他不会调节自己的饮食、睡眠和工作时间而大感迷惑，她困扰于他不稳定的作息规律，例如他会工作到凌晨，睡几小时，不吃饭，然后第二天晚上七点就去睡了。但威廉的工作效率低不仅仅是因为不规律的作息，还被工作时他头脑里一个刺耳的声音所损害，这个声音在他工作时常常对他说他的工作成果不够好，效率不够高，或者会让老板失望。威廉花太多时间和精力与脑海里这尖锐又苛刻的声音做斗争，根本无暇顾及工作本身。

你也许会奇怪为什么威廉脑海里会有这样严厉的声音。毕竟他的母亲对他并不严厉，她从不评价他，不会给他负面反馈，也不对他期望太多。而问题正是出在没有父母的声音，威廉需要自己去创造一个声音。他不仅缺乏如何规范自己、让自己的工作更有效率的技巧，他也不知道应该对自己有何期待，或者如何评估自己工作成果的质量。他为自己创造出的这个声音不是一个平衡的、温和的、充满爱意的家长的声音，而是一个在严厉的评判和彻底的纵容之间来回转换的声音。这也正是他妻子无法理解他紊乱的睡眠、不规律的饮食习惯和工作日程的原因。

威廉内心自我调节的声音是不稳定的，兼具严厉和放纵。有些经历过情感忽视的人自己创造的声音更好预测一些，他们只有一种声音，或严厉或放纵。当然也有一些经历过情感忽视的人还是靠自己找到了自我管理的办法，为自己创造出一个成熟、有分寸、关心自己又坚定的声音。如果你属于最后这种情况，那么你能把工作做好全都是你自己的功劳。如果你属于前面几种情况，别灰心，你可以改变自己的自我约束的声音。作为成年人，你可以通过改变思维方式在这方面重新教育自己。你可以尝试一个简单但又高效的重写大脑的办法，我将其称为三件事计划。

练习这个技能时，你将重设大脑硬件，以便于让你能够做不想做的事，或者不去做你想做的事。具体做法如下：每天你必须做三件你不想做的事，或停止做三件你想做却不该做的事。每天将这三件事记录在……你猜对了，"自我约束能力"改变表格上。

"自我约束能力"改变表格
*记录你每天的"三件事"

周日	早	
	中	
	晚	
周一	早	
	中	
	晚	
周二	早	
	中	
	晚	
周三	早	
	中	
	晚	
周四	早	
	中	
	晚	
周五	早	
	中	
	晚	
周六	早	
	中	
	晚	

为了让你更好地理解，这里举一些我的来访者实践三件事计划的例子。被记录下必须做的事有：洗脸、付账单、锻炼、扫地、系鞋带、打电话、洗盘子和开始做该做的任务。而在"停止不应做的事"一栏，有：不吃巧克力恶魔蛋糕、不在网上买那个漂亮的项链、和朋友出门聚餐不要再来一杯，还有不能翘课。请记住，三件事计划的目的不是为了剥夺你的快乐，如果巧克力蛋糕于你不是特别大的问题，那就不需要去克制冲动。尽量选择不做那些在某些方面对你不益的事情。

你会发现这和事情大小无关。在这个训练中，重要的不是你做了或没做的事情，重要的是你克制错误冲动的行动。这有点像在乔治·科斯坦萨实验里，你通过督促自己去做那些现在的神经连接不支持的事情而在脑子里形成新的神经通路。试着定期做这样的练习。如果你一时落下，请立刻重新开始，但不要过于责备自己，也不要纵容自己更加远离正轨。如果你能坚持练习，你会发现自我调节越来越简单，管理自己的冲动，完成无奖励但必要的任务也没那么难了。最后它将慢慢发展，直到变成你自主而固有的一部分。

自我关怀第三部分：自我安慰

无论你对用 IAAA 规则（识别、接纳、归因、行动）管理你的情绪掌握得多好，毫无疑问生活中还是会遇到让你情绪不好的事。活到现在,你一定明白,生活带给我们各式各样的经历。这些经历让我们产生不同的情绪,有的很美好,有的是中性的,也有的令人不悦。遇到情绪时,IAAA 规则肯定能发挥作用,但如果遇到情绪无法排解,或是难以应对的情况呢?这时自我安慰就派上用场了。

经历过情感忽视的你很可能从未想过自我安慰这个概念。自我安慰也是没经历过情感忽视的孩子从父母那里学到的另一个人生技能。当一位父亲轻拍儿子的背,让他在噩梦后慢慢睡着;当一位母亲抱着哭泣的孩子,抚摸他的前额;当一位父亲仔细倾听女儿滔滔不绝地说自己当天在学校遭遇的不公平对待;当一位母亲在儿子发脾气时,默默地、平静而关切地坐在他身边,这些能和孩子情绪相通的父母就把自我安慰这一重要的人生技能教给了孩子。当情感被接纳、包容,并接收到合适的安慰时,孩子会内化父母的这个能力,像海绵吸水一样,吸收了自我安慰的技能,并将一生受用于此。

在你成长的过程中,也许不是完全没有父母的安慰,但同样,关键在于你是否接收到**足够**的安慰。很多经历过情感忽视的人成年后在这方面都是没有准备的。

正如没有两个人是完全相同的,被安慰的方式也不同,不同的人有不同的需求。作为心理学家的整个生涯当中,我帮助人们找到了不计其数的自我安慰的方法。

不要等到最迫切需要的时候,才去寻找适合自己的方法,那是最坏的时机。先找出好的可能适合你的策略,并提前准备好,这样在你真正需要时使用，才能对你发挥最积极的作用。适用于一个情境的自我安慰策略很可能换个情况就不适用了，反之亦然。所以最好不要只局限在一个策略，而是多列几个备选。这样，当你需要安慰的时候，先试一个方法，如果不奏效，再试下一个。

"要讲一个故事？亲爱的，你想要颗镇静剂吗？"

为了找到有效安慰自己的办法，回顾一下童年会有所帮助。想想自己小时候什么能让你觉得安慰。还可以想想成年后经历的那些重大的情绪挫折，你有没有用到过一些有效的安慰自己的策略，即使你都没有意识到。在此需要特别提醒，一定要谨慎选择你用的策略，确保方法是健康的。适度地饮酒、购物、饮食都能有所帮助，但一旦过度就可能加剧你的问题，或者最终让你平添了更多烦恼。

以下列举了一些健康的自我安慰策略，是大家发现并行之有效的。尝试或使用这些方法作为开端，帮助自己找到并总结适合你的方法。

- 泡泡浴
- 长长的热水澡
- 听音乐，或者某首特别的歌
- 给车抛光
- 锻炼：跑步、举重、骑车等
- 弹吉他或其他乐器
- 烹饪或烘焙（这里指的是过程，注意不要通过暴饮暴食来自我安慰）
- 和宠物待在一起
- 和孩子一起玩
- 散步
- 儿时感到舒服的一种味道
- 给朋友打电话
- 躺在地上看云朵或星星
- 打扫卫生
- 看电影
- 静静坐着看窗外发呆
- 坐在教堂里冥想
- **自我对话**：自我对话可能是最有用和万能的自我安慰策

略。这需要在你情绪不好的时候从始至终地自己跟自己说话。你可以静悄悄地、自己一个人、在脑海中和自己说话，无论场景是在公众场合、会议上或是火车上都行。用一些简单而坦诚的事实提醒自己，能让你看清楚事情的本质。这里是一些你可以对自己说的话：

"这只是一时的情绪，情绪不会永远持续的。"

"你知道你是个很好的人。"

"你知道你出发点是好的。"

"你尽力了，只是没有达到最好的结果。"

"等一等，事情会解决的。"

"会过去的。"

"我需要找到我能从中学到什么，然后把这件事抛到脑后。"

还有其他数不尽的选择，要根据情况和你的感觉来决定。这个自我安慰的方法对大多数人都有用，完全值得成为你的方法之一。

用下文中的"自我安慰清单"来整理出你的方法。确保你的列表是灵活的，当某些方法不再适合你了，直接划掉，需要的话补充新的进去。让自我安慰变成有意义、有目标的努力，可以伴随你不断成长、变化。在漫漫人生路上，你需要自我安慰的能力。当你愈发擅长自我安慰，你会发现自己变成了更为镇静的人，你会更有控制感，总体来说也更加自在。

自我安慰清单
1.
2.
3.
4.
5.
6.
7.
8.
9.
10.

自我关怀第四部分：同情自己

也许你会失望或松一口气，因为没有**改变表格**能帮助你建立对自己的同情心。这是因为同情自己这方面与其说是技巧，不如说是一种感觉或者哲学。想通过改变行为，也就是由外到内地建立自我同情是极为困难的，最好能从内而外慢慢培养。

也就是说，我将自我同情放在最后是有理由的，这是自我关怀的更高层次的内容。如果将自我关怀的几个方面列入金字塔模型，那么自我同情是位居顶端的。它以所有之前提过的技能为基础，需要有一定程度的自爱和对自己的善意，这些只有你足够关心自己、对自己好才能达到。

为何自我同情如此重要呢？如果你对自己没有同情，那么你心里无情的声音更容易因为一些无心的过失和错误而鞭挞你自己，像第 3 章中的诺埃尔和威廉一样。你可能会因为拥有正常的感觉和问题责怪自己，对自己发脾气，像第 3 章中的劳拉那样。最终甚至你会像第 4 章中的罗宾那样，感到自己没有价值、无比空虚，而产生自杀的念头。

无论你是哪类情况，自我评判、责备、厌恶、辱骂，或者想自杀，这些都是与自我关怀相悖的。你很可能都不会这样对任何一个其他人，那为什么要这样对待自己呢？这些都是自我毁灭性的，只会耗尽你的精力，让你越陷越深。

请记住，同情和同理心是人类情感的最高形式之一。它能治愈人心，给人安慰，让人团结，它以一种积极又引人注目的方式将人们聚集在一起。你对别人的同情心是你对他人和世界的积极影响的一部分，现在是时候让你自己也能受益于此了。以下有五个指导性原则，能帮助你增加自我同情。

自我同情原则一：反向黄金法则

黄金法则是"像希望别人对你那样对待别人"，而对于经历过情感忽视的人来说，道理一样，只不过是反向的："像对待别人那样对待自己。"也就是说，那些你不会对关心的人说的话，也不要让你内心批评的声音对你说。你不会因一些事而惩罚你关心的人，也不要因此而惩罚自己。试想你的朋友平行停车时撞上了马路牙子，你觉得你会对她说"你这笨蛋，菜鸟司机，太丢人了"吗？你不会的啊。那么你也不应该对自己这样说。如果你发现自己无法平息内心尖锐而苛刻的声音，我强烈推荐你阅读麦凯和范宁（McKay & Fanning）合作的《自尊》(*Self-Esteem*) 一书。

自我同情原则二：觉察到破坏性的指向自我的愤怒

指向自我的愤怒是自我同情的反面。请开始试着看你有多经常地对自己生气，气到什么程度。这很重要，因为对自己生气到了一定程度就会变得毫无益处。你会开始讨厌自己这个人，这是具有自我毁灭性的。如果你犯错了，唯一能做的是汲取教训，除此之外都是浪费精力。无论什么时候你对自己感到恼火，请将其视为一个契机，将这火气转变为对自己的同情心，就像你对其他人那样。

自我同情原则三：从自己的智慧和同情中获益

作为一个经历过情感忽视的人，你很可能是个很好的倾听者。就像第 4 章里描述的罗宾一样，朋友们找你倾诉，因为你能给他们有帮助的意见。你对他人从不批判，而是充满关怀和同情，这是你的好消息。现在你只需要学会运用你不带批判的智慧，以同样的方式帮助自己。这意味着你要用自己的智慧开导自己，并且能够倾听和接受你自己的声音。别人都从你的帮助和关心中受益了，为什么你自己就不能呢？

自我同情原则四：培养一个有爱而坚定的内心声音

作为经历过情感忽视的人，你没能从父母那儿习得一个有爱而坚定的内心声音。当别的孩子的父母说"没事，我们来看看下次怎么样能做得更好"的时候，你只能自己在混乱中挣扎。因为没有父母良好的开导，你兴许会对自己太过苛责，说自己是"傻子"，或者完全放任不管，说"我不想这些就得了"。若是前者，你会对自己生气，这会耗干你的精力；若是后者，你很容易会让自己再次犯同样的错误。无论是哪一种，你都输了。

一个有益的、积极的、充满爱而坚定的声音会像跟自己的对话一样，向自己提问，让自己从不批判的角度去思考哪里出了问题，今后怎么做才能避免问题再次发生。以下这个例子模拟了在你因为忘记给车加油，下班路上车抛锚停在高速公路上时，你的内心声音可能会怎么说。

"怎么会这样呢？本来今天午饭时间办完差事后你就要去加油的呀！"

"好吧，让我想想为什么午饭后我没有去加油。"

"啊对了，当时我快迟到了。差点没赶回来参加一点的会，因为加油站的队太长啦。"

"那实在是我没法控制的情况。我该怎么确保下次不再发生了呢？"

"别把加油这事放在午餐时间了。一小时时间不够灵活，不能保证加完油。"

"那从今天起我会在早上上班路上加油，或者下班回家时也行，这样我就不会再忘了。"

你会发现这种有爱而坚定的声音对你也不太宽松，但也并没有自我毁灭式的苛刻。这样的声音指出了四个关键的步骤，它能：

1. 让你对自己的过失负责，但不会急于批评或责备
2. 让你思考哪部分过失是你的原因，哪部分是因为其他人或者环境
3. 决定如何做出改变能让这个错误不再发生
4. 让你从错误中汲取重要的教训，然后允许你将这件事抛诸脑后。

这些步骤都富有成效并且十分有用。它们能让事情有个了结，让你的生活变得更好，又不伤害你的自尊和自信。生活就是学习、成长和不断改善的过程，以上的步骤能帮助你更好地完成这些过程，所以请努力创造有爱而坚定的内心声音吧。

自我同情原则五：允许自己做个普通人

同有各种感觉一样，犯错也是我们作为人很重要的一部分。感觉和过失是人性不容商榷的必要组成部分。你要明白在这个世界上没有哪个人是没有很多很多情感、没犯过很多很多错的。

如果你遇到谁说他们不是这样，别听他们的，都是一派胡言（这还是和善的说法）。

要掌握以上所有的技能，无疑令人望而却步。孩童时期情感健康和自我关怀的缺口让你没有其他选择，只能在成人后自己再教养自己。

但我向你保证，只要你努力进行重建自己的工作，一砖一瓦，逐个掌握技能，一步跟着一步，你一定会得到莫大的收获。随着建造一座自爱的金字塔，你也在一点点向上攀爬，直到到达顶峰，你将找到你都不知道你内心也有的对自己的善意和内心的平静。当你对自己也抱有这有力的同情心，你会变成一个全新的你，一个可爱、会犯错的、不完美的你，有优点也有缺陷，有赢有输，敏感但坚韧的你。你会变成一个完整的、与自己充分连接的你。

第8章

终结恶性循环:让孩子拥有你所缺失的东西

○ ○ ○ ○ ○ ○

你越关心自己、爱自己、理解自己、重视你自己的情感世界,你就越能关心、爱惜、理解和重视孩子和他们的感觉。

"我发誓我不会像我父母对我那样对待我的孩子"

当你经历过情感忽视,现在已为人父母,或将来希望有孩子,仔细阅读本章尤为重要。我们要解决的第一个问题是你自己作为父母的负罪感;第二,我们将一起找到你现在或未来作为父母,可能因情感忽视而备受挑战的方面;最后,我们将探讨该如何做能确保你是知晓情绪的父母,你抚育的孩子能意识到情绪,能与他人有情绪共鸣。

在开始之前,先说一个好消息。记住,无论我们作为父母做错了什么,都是可以修复、弥补的。孩子有难以置信的适应性。像我之前所说的,孩子就像小海绵一样,会吸收我们给予的所有东西。反之亦然:孩子不会吸收我们没给的东西。所以只要我们改变了给孩子的东西,孩子也会改变,通常在一段适应期后就能看到。除此之外,你自身的改变也会慢慢影响你的孩子。你的改变越多越积极,孩子的改变自然也会越多越积极。甚至对青少年也是一样的,虽然青春期的孩子有些不同,因为他们总是极力不让你,也就是父母,看到自己的改变。别被骗了,青春期的孩子也会改变的。

1. 为人父母的负罪感

先问一个问题:读这本书是否让你对自己养育孩子的方式产生了怀疑,或感到有负罪感?是否让你产生了经历过情感忽视的人很典型的自我责备,或是冷酷无情的自我批判?如果是,请务必先谨记以下几个原则,再继续阅读。当你往后阅读本章时,确保自己在需要时回顾这五个原则,来应对可能出现的负罪感。这需要你与自己有情绪共鸣,才能在有负罪感时察觉到它。你还要在情绪上关照自己,给自己时间回顾这些原则,再细细阅读一遍。

- 很多父母都会时不时担心自己在养育孩子过程中是否做对了,从而产生一定的负罪感,但负罪感并不是良好的家庭教育所必需的,实际上负罪感会影响健康的家庭教育。
- 如果你作为父母常有负罪感,这种感觉会干扰你选择合适的教育方法的能力。有负罪感时很难拒绝孩子,要给孩子设限就更难了,还会让你每一步都怀疑自己的做法。孩子会注意到父母的自我怀疑，并且知道如何利用它。因此，负罪感会损害你作为父母的威严。

- 尽管负罪感是你在乎的表现，但没有它你会成为更好的家长。取代负罪感的应该是立志成为负责任的家长，但也要明白没有哪个家长是完美的。所有的家长都会犯错，包括至少几次大的错误。
- 养育孩子时尽量遵循你建立自我约束能力时的规则。如果你因为作为家长犯了一些错误而对自己非常严厉，那是在消耗你的能量，会让你自己变得脆弱、低效。让自己负责和打击自己是两码事。
- 和所有人一样，你养育孩子的方式由你的认知和经历所决定，你无法给孩子你自己所缺失的情绪上的力量。事实上你在阅读这本书（尤其是这一章）正说明了你在乎，并且准备好了也足够坚强，以做出改变。你已经比自己的父母做得更好了。

2. 你已做出的改变

从你开始阅读这本书的时候起，你自身可能已经做出一些改变了。若是如此，那么你的孩子可能也已经对你的改变产生了反应。你是否更多地说"不"？是否更常把自己放在首位？是否优先了自己的享受？这些于你而言健康的改变同时会给孩子带来积极的影响。可惜的是，孩子可能还没有意识到，他们只会在不如所愿的时候做出反应，但这不意味着他们得不到想要的东西是件坏事。反之，看见你更重视自己和自己的需求时，孩子也会受益，因为这让他们能够在成长中也重视自己和自己的需求。

为适应你的改变，孩子将需要你的帮助，而你需要对抗自己经受的情感忽视可能已经对孩子造成的影响。如果你看到孩子对你的改变做出反应，先不要对他的反应做出回应，而是**深究**他的行为，问问自己"**他现在有什么感觉？**"然后像这样温柔地给他反馈："**宝贝，我知道你不习惯我在这事上拒绝你。我很抱歉，我知道当我开始做出不一样的决定时，你会觉得比较难受。**"虽然这样说并不会让他不再因为你的拒绝而难过，但当你能确认他的感觉后，你会惊喜地发现这样做带来的好处。之后我们还会再说说这个方面。

3. 识别出你身为父母所面临的特定挑战

要了解你被情感忽视的经历会如何影响你的孩子，最好的办法就是看它当时如何影响了你。你自己情绪健康上的空洞或缺口很可能由孩子同样继承下来，除非你填补上这些空洞和缺口。让我们回顾一下经历过情感忽视的人成年后常有的性格特征。回顾时，和阅读第3章时一样，在你觉得符合自己情况的特征旁边打钩。

1. 空虚感

2. 反依赖

3. 不切实际的自我评价

4. 对自己毫无同情，对他人满怀同情

5. 对自己生气、自责

6. 负罪感和羞耻感：我到底怎么了

7. 感到自己有致命缺陷（如果人们真正了解我，他们不会喜欢我）

8. 难以关爱自己和他人

9. 自我约束能力差

10. 述情障碍：对情绪的认识和理解不足

如果你对某个特征感到不确定，请回到第 3 章再阅读一下相关的内容。不要想太多，听从自己的内心。关键不在于你怎么想，而在于你有什么感觉。问问自己是否觉得某一点符合你的情况。你必须相信你的感觉，这也是一个很好的练习，让你学习在总体上更加信任自己的感觉。

现在在经历过情感忽视的人成年后会有的特征中，你已经找到最符合自己情况的几条了，下面我们来说说每个特征会如何影响你养育孩子的过程。

1. 空虚感 vs. 用最上等的燃料填补

空虚感来源于儿时情感上没有得到足够的照料，没有填满。

小时候和父母的情感连接好像有什么缺失了，无论是情感连接的质量还是数量上，都有所缺失。如果我们将家庭成员间的情感连接的质量比拟为燃油等级，那么孩子成长时如果有定期、足量或更好的高燃烧值的燃料补充，成年后可能根本不会有空虚感。

但如果你的童年接受的是低级的燃料，成年后一直有空虚感，那么你很可能也无法给自己的孩子注满高燃烧值的燃料。如果这引起了你的担忧，请明白这不是你的错，这尤为重要，毕竟你无法给孩子你自己都没有的东西。同时知道这种困境有解决方法也很重要。解决方法不是一个简单的方程式，也不是完成一份待办事项，它和改变你的行为也没有关系。事实上，**要给孩子你没有的东西，唯一的方法就是让你自己拥有所缺失的东西**。只有这样你的孩子才能受益。

以下是如何实现这些的过程。第 6 章的练习都是专门设计来教你重视自己的情绪的，随着不断的练习，你会变成情感上更加融通、更能表达自己、有更丰富意识的人。当你完成了第 7 章的改变进程，你会进一步提高油箱里的燃料水平。你的燃料越丰盈，你越能给孩子进行填补。你越关心自己、爱自己、理解自己、重视你自己的情感世界，你就越能关心、爱惜、理解和重视孩子和他们的感觉。你的空虚感会渐渐减少，孩子有空虚感的可能性也会逐步下降。他们的小油箱里将充满富余、长期燃烧的优质的对自己和他人的爱，这会支持他们一生的幸福美满。

2. 反依赖 vs. 相互依赖

如果成年后你有反依赖的特征，说明在某个时间点上你接收到了来自父母的信息，表示他们不能接受你依赖或需要他人。

你的父母不够重视、容忍或没有满足你的情感需求，这就好像在告诉你：你最好做个极其独立的人，最好避免需要别人的注意或帮助，最好自己照顾自己。现在花点时间来想一想，抚养自己的孩子时，你是否也以某些方式传达给了孩子这样的信息？考虑到你成长过程中极其重视独立，很自然地，你可能也想这样培养孩子。或者你从来没思考过这个问题，只是像所有父母本能会做的一样，很自然地按照你的认知来养育孩子。无论是哪种情况，你都把孩子培养成注定会错失和他人相互依赖的优势的人。

"相互依赖是个什么东西？"你可能会说。相互依赖是成人间人际关系最理想的平衡状态，无论是婚姻还是友情（这里除去了亲子关系，因为亲子关系会自然形成很强的依赖性）。相互依赖是指关系的双方各有健康的独立自立能力，但有时有些事也依赖关系中的另一方。双方都最大限度地照顾好自己，但在对方能给予自己支持的情况下，变得更加能够照顾好自己。

如果你给孩子的信息是他们不能依赖他人，那么你就剥夺了孩子接受生活中他人能够带来的可贵资源。这些资源代表着他人以任何形式丰富与活跃了我们的生活，或是减轻了我们的负担。可举的例子不计其数，可以是安慰的话语、抚慰的触碰、帮着搬家具，或是给我们做了可口的食物。

生活中一定存在这样一种平衡，允许我们去付出与索取、爱与被爱、关心和被关心。这就是相互依赖，你和你的孩子都值得拥有这样的关系。

作为父母，你没有自然地形成相互依赖的习惯，那抚养孩子时要怎么达到这种平衡呢？现实是，这并不容易，但好消息是你自身对于反依赖的改变一样会传给你的孩子。当你变得不再那么害怕依赖别人，你的孩子也会如此，但最重要的是：当<u>孩子需要你</u>的时候，你在他们身边越多，孩子就越能建立相互依赖的平衡。别担心这样会让他们太过依赖。孩子会过度依赖的原因只会是<u>在他们并不需要的时候</u>，你提供的帮助太多了，方方面面都想帮他们。

为了确保在孩子需要你的时候你在他们身边，而又不能做得太过，你必须和孩子能产生情感共鸣。还记得三年级的扎克有个反社会型的母亲吗？她让孩子回房间，用草书写50遍"我再也不在学校惹麻烦了"。她就是完全无法与孩子产生情感共鸣的极端例子。一个母亲对于孩子在发展水平上能做和不能做的事有如此扭曲的观点，那么自然判断不出来什么时候该去帮助孩子。

为了能辨别什么时候该去帮助孩子，我们可以参考第1章中"健康 vs. 情感忽视的父母"中三年级扎克的另一个例子。你必须能够感到和孩子有<u>情感连接</u>，才能知道什么时候应该安慰和帮助孩子；你必须<u>关注</u>孩子，才能知道他真正能做和不能做的事，这样你才知道什么时候他是真的需要帮助；必须**适宜地给予反馈**，提供有意义并且合适的帮助。

没有哪个父母能完美地做到所有的步骤。你能做的就是尽力去做。当你尽全力去做了，孩子会以另一种方式来爱你和感激你，因为他们感到你能理解他们，能在他们需要的时候给予支持和帮助。孩子们会更愿意去尝试达到更高的层面，拥有更加丰富的人际关系，也能更好地发挥潜能。他们会既独立，又能接受别人的帮助，从而一生都能感到自己在世界上不那么孤独。

3. 不切实际的自我评价 vs. 强大、清晰的自我认识

这项成年后的特征主要源自于你不知道自己真正是谁。还记得我们说过，孩子是通过从父母眼中的倒影了解自己的吗？但如果你的父母都不怎么看着你，你也就很难抓住这倒影了。成年后如果你对自己的看法不清晰，或不是基于现实，那很可能说明你的父母在关注你这方面做得**不够好**。这也许意味着他们没有花足够的时间陪你，但也不一定。一个家长可以 7×24 小时地陪在孩子身边（不是说这样就健康了），但眼中仍然没有孩子。这里的**关注**不是指在孩子需要的时候给他倒杯果汁，也不是给孩子编个精致的发型。关注指的是注意到孩子自然产生的喜欢与厌恶，看到他们的优点和劣势，记下来，并给孩子建设性的反馈。这样才让孩子能内化一个真实的对自己的认识。

改变表格的其中一张就在讲**喜欢与厌恶的事物**。这张表旨在帮助你弄清内心喜欢和不喜欢的东西。好恶和你的能力、外表、个人经历、智力、社交能力以及偏好、习惯和数不清的因素构成了你对自己的评价,形成了现在的你。学习认识好恶的过程同样适用于让你认识自己的复杂性上,也适用于你养育孩子的过程。

养育孩子时,每天关注孩子,给他们有帮助的反馈是很重要的,但这不等于对他们过度批判或者给负面的反馈,因为那可能会挫伤孩子的自尊心。如果你看到儿子比起棒球更擅长足球,你可以说"你简直是个足球机器啊!",但在棒球方面就不该给他一样的称赞,因为这不符合实际,但你也不应该说"你不擅长棒球",因为这太负面了,可能打击到他。

学习方面也是如此,对孩子自然擅长的地方给予反馈,对他感到困难的学科也要反馈,例如"我们需要在数学上多花点时间"。如果你的孩子在小提琴上没有什么天分,但他很喜欢,你可以告诉他,你钦佩他对音乐的热爱,和想要更加努力、掌握技能的意愿。不要给太过尖锐或伤孩子感情的反馈,但也避免给一些不切实际的反馈,表现出坦率、慈爱、关心和明确就可以了。

有时只要你能在孩子身边,观察他,一句话不说,就够了。你的孩子会留意你的观察,并能从中看到自己的倒影。在养育他的超过18年的时间中,孩子会一次又一次参照父母这面镜子,从中看到自己的不同方面。这些不同的方方面面在不断成长、改变、发展，最终汇集成为一个清晰而完整的人的准确映像，他知道自己想要什么，能做什么。在他成年伊始，他将拥有你之前没有的巨大优势：一个完整、清晰和强大的自我认知。这是个只有你能给他的礼物。

4. 对自己毫无同情心 vs. 同情心

身为父母，你不想看到孩子成长为对自己很严苛的人，会为错误而打击自己。你希望你的孩子能从错误中汲取教训，不断成长，能爱自己。你有责任教会孩子对他人和自己都要有同情心。要做到这些，可以用我们在第7章讨论过的4个培养自我同情的原则。如果你对孩子有同情心，孩子也会对自己和他人产生同情心。你也许还记得第一个自我同情原则是反向黄金法则。在养育儿女的过程中，这个法则变形为：

"像你希望以前父母对待你的方式一样对待孩子。"

一个幼年经历过情感忽视的家长不应该在养育孩子时沿用自己的默认设置。因为默认设置是由她最初的监护者决定的，很可能导致她将情感忽视同样加诸自己的孩子身上。作为父母，克服自己默认的设定，为孩子创造更健康的设定是至关重要的。所以当你的孩子做了不好的决定，搞砸了事情，做事不经大脑或者做错事，你最好尽力做到不要立即做出反应。冲动而情绪化的反应是由你默认的设置所决定的。你应该花点时间想想：

如果我是他，现在我需要从我父母那里得到什么，才能让我能学到教训，再继续往前走？

自我同情的第二个原则，应用于养育孩子时，包括观察孩子，并在看到孩子对自己太苛责时做出反应。如果你看到孩子因为犯错而惩罚自己，或者过度跟自己生气，你就应该介入并帮助他。告诉孩子他对自己发的脾气有些过了，脾气也不该撒在自己身上。即便当时看上去没什么帮助，这也给孩子的心里埋下了种子，之后会慢慢发芽长大。接着用你自我安慰的技巧来安慰你的孩子，让他也能内化这些方法。

自我同情的第三个原则是让你的孩子受益于你的智慧和同情。为了让孩子学会原谅自己，你必须先原谅他。孩子会内化你对他的严厉程度。这涵盖了前两个原则，因为涉及对孩子的过错进行反馈，即适宜地让他对自己负责；看到孩子对自己太严厉时进行干预；以及帮他理解自己的错误和情况，并最终原谅他。当你为他做了所有这些事情，他会慢慢学习这样善待自己。

帮助你的孩子建立一个有爱而坚定的内心声音，也就是自我同情的第四个原则，让孩子培养对自己的同情至关重要。还记得第7章中汽油意外用完后，一个健康的内心声音是什么样吗？那对你的孩子来说也是个好例子。作为家长，陪他一起弄明白发生了什么，事情的起因是什么，帮助孩子判断他是在哪里出错了，接着向他说明犯错没什么大不了的，重要的是要从中汲取教训。带领他走过理解、负责、学习和原谅的整个过程。

这一过程十分宝贵，能让你的孩子拥有成为成功而坚强的成年人所需要的支持和负责任的品质，这样的他会懂得爱自己和他人，也对自己和他人富有同情心。

5. 负罪感及羞耻感 vs. 健康的自我接纳

还记得是什么导致经历过情感忽视的人有负罪感和羞耻感吗？正是因为父母没有接纳和承认孩子的感觉，才让孩子觉得自己有情绪一定是因为自己有什么毛病。但是人都会有情绪，这样孩子可能最后就会对自己的情绪感到羞耻，他会向别人隐藏情绪，甚至对自己也隐藏情绪。那么作为家长，你要如何确保这样的事不发生在你的孩子身上呢？自然是要接纳和承认孩子的情绪了。

经历过情感忽视的自己作为家长，要做到这点比听起来还要困难。这需要你总体上对自己的情绪感到更加舒服，要能容忍孩子的感觉，即便你觉得孩子的感觉是多余的，或者是错误的。

这里有些关于如何理解并接纳孩子情绪的建议。为了更好地解释，我们将孩子的感觉比作流动的水，源头是孩子的内心。

- 如果你在流动的水前面设置了障碍，水就要改变流向，流到其他地方。它会绕过或冲破这障碍，或者如果它最终无处可去，那只好回流到源头（也就意味着孩子将情绪加诸自身）。无论是哪种情况，水都会流向一个什么地方，**你无法阻止孩子情绪的流动**，所以请不要试图这么做。

- 要应对这流动的水，你应该让它流动着，同时自己追溯到源头。当孩子有某些感觉时，让他的感觉自然流动，同时努力找到这些感觉的起因，为了你和孩子能够理解这些情绪，你要问孩子一些问题，或是回顾可能造成或者加剧这些情绪的情况。
- 要当心孩子的情绪淹没了他自己和你。虽然不建议你强行中断孩子的感觉，但有些时候也该介入并帮助他管理这些感觉。强行中断感觉和帮助他管理感觉是不一样的，前者会说"男子汉不能哭"，而后者是"让我们一起看看发生了什么事，我们该怎么做"。
- 记住，孩子的感觉是他的一部分，扎根于他体内。一定不能让他从你那里接收到"不能有情绪"这样的信息，而是让他跟你学习：管理情绪是可能的，也是非常必要的。
- 你可以借鉴第6章的情绪管理技巧，帮助孩子学习这些重要的技能。
- 当你自己使用这些技巧时，孩子也会以你为榜样学习到它们。

如果你尽力遵循了情绪管理的所有原则，你就能教会孩子摆脱负罪感和羞耻感。你将给予他让他一生受用的重要技能。通过你，孩子会明白自己的感觉是自己正常、健康的一部分，他需要聆听感觉给自己的信息，他也不需要惧怕自己的感觉。这样，他会成长为能接受自己情绪的人，甚至重视这个至关重要、紧密相连而又丰富的自己的一部分。

6. 自责 vs. 原谅

原谅是自我同情的最后一步。当孩子犯了错，你可以使用同情心原则来帮他理解错误哪部分是自己的问题，哪部分是别人或者环境导致的。这样你就能帮助他分析明白如何改正错误，不再犯第二次。然后你要帮助他原谅自己，不再纠结于此。

你会在养育子女上花这么多时间和精力，是因为你知道你的父母没有这样做对你造成的影响。从自己的经验中你意识到，人这一生会犯很多错误，如果我们不能从中走出来，就会被困其中。如果我们不原谅自己，我们犯的错误就会成为自我的不必要的一大部分。它们会吞噬我们对自己的感知，甚至成为我们自身。你一定不希望孩子像自己一样，被所犯的错误定义。教会他最后一步：**如何放下错误**。这样他犯的错将在合理范围内，他会从中解脱出来，以健康的方式去承担适度的风险，同时保持自己的自尊和自爱不受损害。

7. 致命缺陷 vs. 讨人喜爱

你也许还记得，"致命缺陷"是一种自己被摧毁了的感觉：

"如果你真正了解我，你不会喜欢我的。"经历过情感忽视的人大多都有这样的感觉，因为他们缺少来自父母的积极的感情和关注。我都没办法告诉你有过多少经历过情感忽视的人，当被问起成长过程中是否有感觉到被爱时，会回答："我一直知道父母是爱我的。"知道而不是感觉到，而感觉才是这里的关键。

确保让孩子不仅知道你爱他，还要能感觉到你喜欢他，爱他，这是至关重要的。温暖、关怀的拥抱、大笑，以及真正享受孩子的个性，都是在向孩子传达这种感觉。我知道这听起来像"教养入门知识"，但所有这些正是经历过情感忽视的人从小缺失的东西。如果要你做到这些很难，那就算为了你的孩子好，你也要培养起这样的习惯。

进一步说，为了防止孩子继承"致命缺陷"，关键在于你要处理好自己的这种感觉。"致命缺陷"是那种会悄无声息地从父母身上渗透到孩子身上的特点。它让人无法注意到，无法察觉到地从父母传递给孩子，最后跟父母一样，成了孩子的一部分。这个情绪复杂而隐蔽，人们很少能意识到它，自然也无法用文字形容它。但这个感觉一直都潜藏着，影响你做决定，像挥之不去的黑云（如第3章的凯莉那样）。不过底线是如果你自身没有这种感觉，那么也不用担心会传给孩子。

我希望通过阅读这一节，你能明白你对自身的感觉会渗透给孩子。如果你感到对自己有爱，你就有能力让孩子感到爱。如果你有强烈的自我价值感，这也会传给孩子，让他们感到自己很有价值。最主要的一点是：当你正面应对你内心缺失的东西时，这些缺失不会转移到你的孩子身上。

8. 不会关爱 vs. 付出和关心

当你在成长过程中经历了情感忽视，你可能接受的来自父母的关爱是不完整的（带有某些方面的空白）。也许你在某些方面，例如身体上，被照顾得很好，但在其他方面不如人意。关爱是带着温度的照顾，必须和关怀一起呈现。还记得大卫吗，他难以关爱他人，以致因为女儿需要他照顾而讨厌她。大卫就像我们之前说的，像一块长时间不见水的海绵一样。他的情感自我已经干涸而变得脆弱，所以很难接受或给予什么东西了。

作为父母，尽管你的父母给你的关爱不尽如人意，你现在的工作是确保你孩子的情感海绵永远不要变干。你为了让孩子感觉到被关爱所做的每个特殊的举动，都会让他在未来有能力并且愿意去关爱他人。你当然希望孩子在自己的婚姻和养育孩子方面都能获得最大的成功。如果你在他的一生中给予大量温暖的照料，他也会有满满的爱给予那些他爱的人。

这里列出了一些建议，帮助你给孩子提供情绪上的关爱：

- 当你注意到孩子看起来很难过，自发地给他一个拥抱。
- 如果觉得他不开心，问问他是否还好。
- 在你觉得孩子需要时，多花时间陪陪他。

- 如果你的孩子正处于过渡期，或是一些比较困难的时期，例如，刚开学或学期即将结束、到新的地方、人际关系变动等等，和他聊聊，为他做些特别的事让他知道你注意到他在经历些什么。

大致知道孩子的感觉，帮助他了解自己的感觉，并教他用文字表达出来。接受并且承认这些感觉，他会感到自己被关爱着。

9. 缺乏自我约束能力 vs. 自我控制

如我们之前讨论过的，缺乏自我约束能力能反映出父母在纪律方面对你的要求。没人看管的孩子很快就能学会纵容自己，或者对自己非常严厉。他们会叫自己懒惰鬼、拖延症患者或者是购物狂。他们没学会如何让自己做不想做的事，以及如何停止不应该做的事。你的孩子不会自己学会这些，除非你能教给他你自己都没有的东西：有条理，有清楚的规矩，做事有合理和可预测的后果。

有条理：当你为孩子规划有条理的生活时，你就在教他该怎么规划自己。例如，上学期间晚上 9 点要睡觉。这个规矩很合理，当你制订规矩并且让孩子遵守它，你就在教他如何给自己定规矩，并且遵守它。另一个例子可以是放学后先做一小时功课再出去玩。这强迫孩子在你的要求下抑制自己的冲动，等他长大了，需要自己规划时间时，他就会拥有这个能力，抑制自己的冲动。如果他能有条理地规划好生活，就不太可能做事拖延了。

有规矩：当你为孩子规划好了有条理的生活，安排总体比较确定，在合理范围内又有些灵活可变的空间，那么随后让孩子完全明白这个规则就十分重要了。某种程度上，自我约束能力就是能制定清晰的规矩，并且让自己遵守的能力。作为家长，这也涵盖给孩子制定健康的纪律。要确保规矩清晰明确，适合孩子的年龄，易于他遵守。将规矩贴在冰箱上，并在家庭会议中宣布。不要毫无理由地，或是不通知孩子就进行修改。孩子需要清楚地知道父母对自己的期望。

后果：你的孩子必须知道如果不守规矩会有什么后果。类似"如果你周二不去倒垃圾，看我怎么收拾你"的话是不奏效的，而"如果你周二不去倒垃圾，我就会没收你的 iPod，直到你倒了为止"就能起效果，因为后果是很清楚的。但"如果你周二不去倒垃圾，我就把你的 iPod 捐给教堂了"也不行，因为这个后果太过严厉，不合理，与孩子犯错的程度不相匹配。后果必须既清晰又合理，并且最重要的是要确保执行。后果的执行不能取决于你是否注意到，或者有没有精力去执行。孩子需要知道你是认真的，也需要知道你的反应会是什么。没有遵守的规矩只会让他学到怎么违反规矩，而后在缺乏自律里挣扎。

10. 述情障碍 vs. 了解自己的情绪

在阅读本书的过程中你可能已经意识到了，了解情绪是你能给孩子最好的礼物。你会希望孩子明白自己的感觉及其原因，并且能用文字表达出来。你也希望他能看懂别人的感觉，并且能推断出别人的感觉和行动的原因。这些是丹尼尔·戈尔曼口中的 情商 的重要方面。戈尔曼进行的科学研究表明，拥有高情商的人比拥有高智商的人更有可能成功。情商高的人行走江湖有巨大的优势，在工作、婚姻、社交场合和养育孩子各方面都技高一筹。

知道这些技能的重要性后，如何保证孩子能掌握它们呢？首先，本章我们讨论的所有内容都能帮助提升孩子的情绪意识。但除此之外，你还能做一件事。

孩子在学校中能接触的情绪教育是很少的，这方面的教育主要看父母。遵循以下五个步骤能让孩子有更高一层的情绪意识：

1. 关注并且察觉孩子的感觉。
2. 努力去感受孩子的心情。
3. 替他用文字表达他的感觉，并教他用自己的话表达。使情绪词汇表辅助你进行这一过程。
4. 使用纵向提问技巧，帮助孩子理解产生这些感觉的原因。
5. 让情绪成为生活中重要的一部分，每天使用表达情绪的语言。单是这样就能向孩子传递情绪的价值和重要性，并且激发他对理解生活中 感觉 这一面的兴趣。

阅读这一节时，你是不是又开始感到愧疚了？因为自己没有把每件事都做对而批判自己？如果是，这都可以理解，这只说明你和其他家长一样关心孩子。没有父母是不犯错误的。每个父母都会在某些方面犯错，每个父母都挣扎过，失败过。作为经历过情感忽视的家长，你的任务更加艰巨。你必须对自己有同情心，从你的错误中学到教训，并且持续不断地前行、努力。

如果你能识别出哪方面的情感忽视问题影响到你，并在本章中找到应对的方法，那么很有可能你能为孩子纠正这些问题。小孩子有着惊人的复原力，能完好地恢复。青少年对父母的改变反应慢一些，但也会回应。你不能向既定的设置投降，必须为了自己和孩子去斗争。

为人父母是我们作为人类最伟大的特权之一。无论我们的境况如何，出于本能和社会的必然性，我们都要为孩子创造更好的条件。我们有责任去改变既定的条件，花比我们父母更多的时间，用更多的爱，给孩子我们所没有的优势。我向你保证，这世界上没有什么事能比为孩子创造更好的条件让你更加满足的。这将是你能做到的最有成就感、最积极有爱、最充实又英勇的事迹。你会切身体会这过程中的每一步。你的孩子会变成最好的他们，你也会变成最好的你。

给治疗师

。。。。。。

确保来访者知道,总体而言,他是拥有好的品质的,这是一种平衡的自我观察和自尊心,能让他在挑战、失望甚至失败中屹立不倒。

情感忽视这个概念，是在我从事心理治疗的15年里慢慢变清晰的。在这十几年里我接过的来访者中，有些人似乎从行业常用的方法中受益不多，常用的方法包括共情、顿悟、认知疗法、面质、家庭或婚姻治疗、药物治疗等等。我觉得无法完全理解这些来访者。临床表现中好像有什么重要的东西缺失了，导致无法完全理解这个人、他的症状与痛苦。我就好像寓言中摸象的盲人一般，只顾着大象的一部分，不知道我面前的是一整只大象。

最后，在对一些特殊的咨询对象进行治疗时，通过勇敢的尝试和努力，我意识到了这个潜在的问题。尽管这些来访者是有反依赖特征的，他们还是参与了足够长时间的治疗，让我得以识别出表面之下的问题，将其命名并着力研究。

当这一缺失的元素慢慢在我脑海中形成完整的模型时，我发现自己将其与"情感忽视"这个名称联系了起来。我回忆不起之前阅读过任何这方面的文章或书籍，或是参加了以此为主题的培训，但我觉得这个术语很熟悉，并且于我有特殊的含义。

我愈发好奇此前是否有任何科学依据，能支持我用于构建这个模型的观察。我花了大量时间在美国心理学会的文献中，仔细查阅任何可能提到情感忽视的期刊、书籍和学术论文。我的第一个发现是情感和忽视这两个词在学术和临床著作中常一起出现，这解释了我觉得熟悉的原因。但有别于特定的"情感忽视"这一说法，这两个术语常出现在这样的搭配里：情感虐待和忽视。仔细研究这个术语后，我渐渐发现，这类文章中出现情感描述的时候，常和一个行为联系在一起：情感虐待。而涉及忽视时，常指身体上可观察的忽视：躯体忽视。我意识到那些文献讨论的不是情感忽视这一难以察觉，但同样具有破坏力的忽视行为。

正是在那时我决定写这本书。我的写作意图和希望是让人们关注如上所说的缺失，关注那些因为父母的过失而被错误对待的孩子。当我发现，很多犯下忽视错误的家长在其他方面其实是非常优秀的家长，出发点也都很好，便更决心分享这一模型。正因为这些来访者的父母看起来很优秀，用心良苦地教育孩子，所以使得心理健康专业人士更难理解他们的来访者。

过去十年中，我在察觉情感忽视方面愈发有经验。我意识到情感忽视问题必须得到治疗，但这并不容易，因为很多来访者都关注着其他更为明显的症状。很多人从一开始就不接受自己有情感被忽视的经历这一想法。让治疗更棘手的问题是此前提过的反依赖，这个经常伴随情感忽视出现的特点，常让来访者过早地停止治疗。

我发现，当经历过情感忽视的来访者终于认识到他的"大象"时，治疗能更好地触碰到他的情感深处，从那一刻起，治疗就有更快的进展了。随后在本章中我会提供关于如何辨认并治疗这一潜在问题的建议，包括如何应对反依赖的问题，如何应对情感忽视相关的羞耻感、负罪感和自我责备。但首先，让我们看看与此模型相关的科学文献。

研　究

如本章之前所说，我一直没有找到描述或直接剖析情感忽视的研究或文献。但我发现，情感忽视和心理学理论中的两大领域息息相关，我在**依恋理论**（Attachment Theory）和**情商**（Emotional Intelligence）的交汇处找到了情感忽视的内核。依恋理论对父母忽视的行为如何导致情感忽视的症状做了最佳阐释。而情商则讨论了情感忽视最关键的症状：缺少对情绪的意识及知识。

依恋理论

自从约翰·鲍尔比（John Bowlby）1951年著述《母亲的照料和心理健康》（*Maternal Care and Mental Health*）一书以来，对于人类心灵的科学理解有了长足的进步。该书介绍了这样一个概念：婴儿对母亲的依恋极大地影响了婴儿成人后的性格。由于数据太少，他的理论受到当时很多专家的批判和质疑。其他科学家不接受鲍尔比的观点，因为此观点挑战了当时业内普遍相信的想法，即婴儿的成长纯粹基于自我内心幻想的世界，与外在的人际关系及母子关系都没有关系。幸运的是，也有一些其他的科学家在鲍尔比提出观点后，研究了他的理论。一些专家花了很多时间观察并记录母婴之间最细微的互动，通过纵向方法研究，他们在多年后能够发现一些微小的亲子互动在孩子身上的痕迹。

过去六十年中，成百上千的关于依恋理论的研究阐述了母子情感连接对孩子的重要性。20世纪70年代，精神病学家丹尼尔·斯特恩（Daniel Stern）通过录像让我们进一步理解了依恋理论。斯特恩界定了一个他称为"共鸣（attunement）"的过程，其定义包括母亲回应婴儿的情感表达或行为，能符合或精确反应孩子的情绪情况。斯特恩假设，自孩子出生那时起，母亲与孩子就有情感上的共鸣，让孩子知道自己能被理解，需求能得到满足。正是这种情感的共鸣给孩子提供了坚实的基础，让他在未来敢于承担风险，探索世界。

之后的很多研究者，如玛丽·安斯沃斯（Mary Ainsworth）（1971）、伊莎贝拉及贝尔斯基（Isabella and Belsky）（1991）都阐述了父母对情绪的态度直接影响了孩子之后管理、接纳和表达情绪的能力。当时研究的数量之多，让当今的心理健康专家难以质疑这一证据充分的事实。

查阅依恋理论的相关研究时，你会发现，有大量研究是关于父母无法共鸣的情绪回应，例如不恰当的发怒、不匹配的情绪推测，或不准确的情绪理解（都是父母的行为）。但是很少有研究讨论了父母缺失的情绪反馈，例如没有注意到、没有回应、不理解孩子等，这些缺失的部分正是本书讨论的内容。这类研究数量这么少，或许是因为什么东西缺失的情况更难观察、衡量或记录。很容易理解的是，比起忽视的行为，科学家自然会觉得具体的行为更适合研究，即便忽视的行为在情感忽视中至关重要。

尽管依恋理论有众多坚实的科学基础，也得到了业界专家普遍的认可，但对大众而言，这么有价值的概念出乎意料地很少被人理解和使用。作为心理健康专业人士，我们基本都认为个人的性格问题的根源在其童年，但竟然很难找到一个心理学家、精神病学家或是社工，在引导来访者去意识到问题根源需要追溯回童年时没有遇到挫折的，反而他们要应对来自来访者内心的顽固抵抗。

在我的经验中，我发现很多来访者对于自己年幼时的监护人对自己有那么大的影响感到非常不自在。或许对我们所有人来说要承认父母对自己有着如此巨大的影响，都会本能地感到恐惧。如果理解了父母对我们真正的影响，我们可能会感到孤独、无力，甚至有受害的感觉，而认识到我们对孩子的真正的影响，我们可能会感到惊恐。所以，作为人，遇到问题时我们更倾向于责备自己，也会淡化自己对孩子的影响。

我写这本书的目标之一就是将依恋理论个人化，便于更多人理解、消化。我相信很多人之所以停止治疗，是因为他们天然地抗拒童年会深刻影响成年后的自己这个想法。我希望经历过情感忽视的人，能通过书中众多优秀又可爱的人的例子，发现自己的影子，明白如果了解了父母对孩子性格的真正的影响，自己能够变得更坚强，而非更脆弱。

情商

丹尼尔·戈尔曼博士在 1995 年的《情商》(*Emotional Intelligence*)

一书中，将情商定义为五种技能：了解自己的情绪、管理情绪、自我激励、认识他人的情绪和处理人际关系。一个在这些方面有欠缺的人就会被认为情商较低。可以看到，情商低的概念和本书中的述情障碍基本可以画等号。

将情商和情感忽视这两个概念进行对比十分有趣。在描述情商的文献中（尤其是戈尔曼的书中），关注点主要聚焦在低情商是如何形成的。此前依恋理论提到的母婴互动，在情商发展中被视为一个直接因素。同时，戈尔曼博士也将父母的共情及情感共鸣视为情商的影响因素，像我在书中将这二者与情感忽视联系在一起一样。低情商和情感忽视问题在结果和原因上有很大的重叠。二者都源于缺少来自父母的共情和情感共鸣，并且都导致了述情障碍。

不过，在情感忽视的概念里，我关注的是展现童年经历情感忽视的人的内心经历，以及成年后它对心理产生的影响。我主要探讨了父母在情感依恋上的失职，并从临床心理学角度观察其病因的演化。当戈尔曼从**情绪知识**角度思考父母对孩子情感关照上的欠缺的影响时，我正在考虑由此产生的心理症状集合：空虚、缺乏自我认知、缺少自爱、与自己生气、自我责备等。

在工作培训或领导的评价中，人们可能会发现自己情商低，也许还有机会在工作中学习和培养提高情商的技巧，但我相信世界上有非常多人不知道自己缺失了什么，以及导致缺失的原因又是什么。讽刺地说，**他们需要先有情绪意识，才能发现自己没有情绪意识**。这类人就是这本书的目标读者。

在有关情商的文献中，丹尼尔·戈尔曼和其他作者认为情绪技巧对生活的成功有重要的影响。我的目标不同于此，我希望能帮助那些缺少这些技巧却不自知地生活着的人们，帮助他们看到他们会遇到的问题，帮助他们停止责备自己，开始自愈，也能更好地抚养他们的孩子。

识别情感忽视

如之前所说，情感忽视很难被察觉，尤其它时常隐藏于抑郁、焦虑、创伤、婚姻问题、亲子问题、哀伤或其他来访者更关心，也更容易被发现的问题中。

本书开头的情感忽视问卷是专门设计来协助你鉴别带有情感忽视因素的来访者的。欢迎复制并用于你的实践中。我明白并且承认，在这本书出版时，还没有研究评估过这份问卷在心理测量上的效度和信度。但是，我还是决定将其写入这本书里，因为我发现在我自己的治疗实践中，这个问卷十分有用。使用时请谨记其在心理测量方面的局限性。我发现，得分在6分以上的来访者很可能有情感忽视的问题，值得进一步探索。

在第3章"被忽视的孩子，长大了"中，我们讨论了十个情感忽视的症状。其中一些迹象来访者自己很难反馈出来，甚至根本都没有觉察到，而治疗师更容易发觉这些迹象。你可以留心观察你的来访者是否出现了以下特征。

1. 为自己有情绪表示出愧疚、不适或对自己生气

很多经历过情感忽视的来访者会为治疗中在我面前哭而道歉，也常在表达情绪的时候带上道歉的话，例如"这么说我觉得太糟糕了，但我其实不想去家庭聚会"，"我知道这么说不对，但我只想走得远远的"，"我知道这么说我简直是个坏人，但他那样做我真的很生气"。

2. 在治疗师做出解释时极力为父母辩白

经历过情感忽视的人会不顾一切地保护父母不受指责。既然他们不记得父母**没做过**的事，就会倾向于认为父母是完美的，并且自然而然地将所有挣扎都归咎于自己。当治疗进一步深入到探讨他父母可能没做好的地方时，经历过情感忽视的来访者会马上解释道"父母已经尽力了"或"不是父母的错"，这是经历过情感忽视的人在维持自己的执念，即无论他感觉自己哪里不对劲都是**自己**的错。

3. 质疑童年记忆的真实性

在我的经验里，很多经历过情感忽视的来访者难以回忆起童年时具体的事情。他们通常会说童年在感觉上一片模糊，很难分清不同的事，并且，经历过情感忽视的人常常不相信自己儿时记忆里的情绪。例如当他们说起母亲的脾气，父亲沉迷于

工作时，常会迟疑一下，质疑记忆是否真实、重要和有效。"我觉得也许我说得太夸张了，其实没那么糟。"一位女士这么跟我说时，正泪流满面。"听我说这些会不会很无聊？"一位男士这样问我，而他正在跟我说他十岁时养的狗死去了，而父母无动于衷。又或者，"我不知道为什么要跟你说这些，可能根本不重要。"另一位男士这样说的时候，他正慢慢诉说着自己喜欢的继父在和母亲离婚后，就从他的生活中彻底消失了。

4. 不理解自己和他人的情绪是怎么运作的

如之前所说，经历过情感忽视的人通常情商不高，但要让经历过情感忽视的人意识到自己对情绪理解不足却仍然很难，因为他们成长的家庭环境就是这样，自己之后的生活也照搬了这样的生活方式。因此，很重要的一点是，治疗师要为经历过情感忽视的来访者鉴别出述情障碍，并且清晰地将这一术语介绍给他们。以下是述情障碍的几个表现：

- 当来访者在心理咨询室中以一种缺乏情感内容的方式叙述包含强烈情绪的故事时，会有重复性的身体不适（来访者可能会明显地扭动或坐立不安）。
- 用完全不带情绪内容的方式讲述有强烈情绪色彩的故事。
- 当咨询师将讨论引导到情绪方向时，患者会突然转换话题，或说些幽默的话。

○ 患者反复表现出无法回答有关感觉的问题。这可能包括给出理智化或回避性的答案。

理智化的回答

问：她让你走时你有什么感觉？

答：我觉得她在无理取闹。

回避性的回答

问：她让你走时你有什么感觉？

答：要不是她那样说，我都没意识到她那么生气。

5. 反依赖

在我的经验里，比起其他来访者，经历过情感忽视的人更容易因为需要我的帮助而对自己感到懊恼。他们的反依赖总是不由自主地介入了我们的治疗关系，我觉得这既是不幸的，也是幸运的。不幸的地方在于，你可能很难让经历过情感忽视的来访者坚持治疗；幸运的地方在于，我可以用和他们建立起来的关系直接挑战这个特点，帮助他们克服羞耻感和反依赖。

有情感忽视问题的来访者可能会将自己对治疗的需求视为软弱、可悲、羞耻、愚蠢或轻浮的。注意他们说的"我是不是早该忘了这些了？""我敢说没几个 37 岁的人还在学着说'不'"，或者我最喜欢的"我不喜欢觉得我需要你。我想停一阵子治疗，确保我能自己变好了"。依照我的经验，有时很难让来访者继续治疗，即便不管是我还是他们都看到了治疗对他们有帮助。

下一节将就如何在治疗中利用来访者的反依赖心理提几点建议。

6. 记忆

与其他病症和症状一样，想要依靠来访者的记忆鉴别其是否经历过情感忽视十分困难。尤其当你问来访者有关童年的问题，他们会自然联想到那段时间的具体发生的事情。你也知道，很难收集故事中那些没有发生的事。但这里我给出一些建议，帮助你从他们的回忆深处挖掘到信息：

- 关于父母完全曲解了孩子的感觉、需求和性格的回忆。一位年轻女士即将获得社会工作的学士学位，她告诉我，父母在她初高中时期就一直给她施加压力，希望她别上大学，而是接手父亲砖块运输服务的业务。我不禁疑惑，这些父母是否真的认识自己的女儿是什么样的人。
- 包含着父母否认、忽视或过度简化孩子情绪的记忆。例如，一位忽视孩子情感的母亲，在孩子们的父亲去世没多久后，就跟儿子说"你姐姐想她爸爸了"，完全没有注意到儿子的感受。
- 那些关于父母喜欢说的压制孩子情绪表达的话的回忆，例如"别像个小孩子一样""别想了"，或"别哭了"。（值得注意的是很多在意孩子情绪的父母偶尔也会说这些话，所以只有所说的话在当时极其不合适，或者经常这样说，才暗示出现了情感忽视的情况。）
- 那些带有强烈剥夺感的回忆，这种剥夺感通常是非物质层面的，来访者觉得儿时很重要的一些事被剥夺了。例如，"当时我很着迷玩吉他，但我妈妈坚持让我拉小提琴"，或"中学时我真的很想多和朋友待着，但我的父母很严格"。
- 那些看似不重要但带有很多情绪的回忆。第1章中凯瑟琳和父亲在沙滩上玩沙子的回忆。这件事看起来微不足道，但那种和父母间缺少情感共鸣的感觉，在她心中留下了印记。要留意这些带有强烈情感但看似无意义的记忆，来访者会记住这些事，就是因为这些记忆承载着情感忽视那看不见的伤痛。

我发现越来越多的来访者在参与治疗前就进行了自我诊断。有的人能看出自己得了抑郁症或焦虑症，但很少有来访者能自己鉴别出情感忽视。我希望治疗师能留心观察来访者有无经历过情感忽视的可能，希望以上这些建议能帮助各位鉴别这一问题。

治 疗

1. 先解决显现的问题

大多数情况中，治疗师会比来访者更早发现情感忽视问题。

即便治疗师指出来了,很多来访者也很难看到这一问题,因此早期治疗时若将情感忽视作为重点来治疗会出现很多问题。我发现情感忽视这个概念和其他令人痛苦的内因一样,在治疗师与来访者之间建立了稳固的治疗关系后能更好地被来访者接受。在处理那些显现出来的问题的同时,治疗师有机会在发现情感忽视的例子时将其指出。这样一点一滴积累起来,情感忽视的概念最终就能完全呈现给来访者,来访者也能通过这有意义也有用的模型来理解自己。

2. 应对反依赖

因为具有反依赖的特性,大多数经历过情感忽视的来访者在显现的问题稍见起色时,就倾向结束治疗。我相信应对反依赖最好的方法,就是只要来访者能从治疗中获益,就尽量让他们继续治疗,并在治疗中持续指出并挑战来访者的反依赖心理。

治疗师有时会发现,只是要把经历过情感忽视的来访者留住,不让他们在还没准备好时就停止治疗,就相当费力气了,但对于经历过情感忽视的来访者来说,留住他们不仅仅是让治疗师可以继续治疗工作,留住他们这个行为本身就是治疗工作的一部分。实质上,通过和治疗师建立起一段健康的依赖关系,经历过情感忽视的患者将受益匪浅,因为这样的关系是来访者童年与父母没能拥有的。

在治疗期间,每当来访者说了之前列出的那些反依赖的话

（详见反依赖的相关部分），治疗师及时捕获并马上就去应对是非常重要的。来访者可能会以不同方式，在治疗的不同时间点说出这些话。每次他这么说，就给了治疗师一个机会，从不同的角度来切入反依赖这个情感忽视的一个核心问题。以下这些问题曾协助我引导来访者，让他们意识到自己有反依赖的问题：

- 你是否觉得需要别人帮忙不好？为什么？
- 你具体是在童年的什么时候明白了你不该依赖别人？
- 你对于需要我、依靠我、依赖我有什么感觉？
- 小时候有没有什么人让你能很自在地依靠他？
- 你觉得其他人都已经解决了他们的所有问题吗？
- 如果你的朋友接受心理治疗，你会批判他吗？
- 你觉得治疗该有一个时间限定吗？
- 你知道反依赖是什么吗？（接着向他指出并解释这一概念。）
- 你会害怕我会让你失望，或是抛弃你、伤害你吗？
- 你担心我会因为你需要帮助而评判你吗？
- 为什么要强迫自己达到不可能的标准呢？
- 你意识到你都不允许自己做一个凡人了吗？

这只是一些例子，但挑战反依赖有着数不清的方法。当然最后怎么做还是要来访者来做决定，但重点是治疗师需要抓住每一个机会来直面应对反依赖。我发现这样想是最有帮助的：来访者难以继续治疗与其说是麻烦，不如说是难得的机会。

3. 建立对情绪的宽容

只要是心理健康专业人士，无论是哪个流派，专攻什么样的问题，认知行为、心理动力、精神分析，抑或是医学、物质滥用问题、家庭和婚姻问题等，无论在住院部、门诊部，还是做日间护理，都需要在治疗中处理很多情绪问题。尽管大多数来治疗的人都有情绪健康方面的问题，但经历过情感忽视的来访者在认知和容忍情绪方面有特别大的困难。表达情绪的言语于他们太过陌生，与情绪相关的经历也多是非常不舒服的，这方面的治疗是尤为困难的。

我建议采用循序渐进的方法，来帮助经历过情感忽视的来访者逐步习惯自己的情绪，感到自在。在治疗方式上，将其视为系统脱敏法，而不是冲击疗法。在治疗实践中，我给很多经历过情感忽视的来访者使用了识别及命名练习（第 6 章第 3 节）。在治疗中采用这个练习有两方面好处：一是可以评估来访者与情绪共处、表达情绪的能力；二是教来访者更能容忍自己的情绪。曾有个经历过情感忽视的来访者，当我要求他坐在我旁边，闭上眼，专注于内心，问自己有什么感受时，他马上睁大眼睛说："我刚刚完全麻木了。"这是治疗中灵光一现的时刻，对他和我来说都是。在那一刻，我们找到了切入点，并以不麻木为首要目标，在整个治疗过程中继续进行这一练习。

很重要的一点是，治疗中发现或听到任何情绪时，治疗师需要指出这种情绪。很多治疗师会定期这么做，对经历过情感忽视的来访者，这更为重要。在治疗中使用情绪的语言。问来访者他觉得别人的感觉是怎样的，问他自己感觉到了什么，问他现在，就在这里，自己<u>正在</u>感觉到什么。(三个问题由易到难)

我发现询问来访者在童年特定事件发生时的感受很有帮助。例如第1章中凯瑟琳儿时玩沙子的回忆，当我问她当时母亲说那些看似没什么大碍的话时，她是什么感受，她终于发现成年后对母亲感到生气的原因了。或是第3章的西蒙，治疗时他被我那些基于情绪的问题激怒，但最终正是这些问题治愈了他。当来访者不清楚自己的情绪时，把这情绪反馈给他，例如"你说这不是什么大事，但是你看起来真的很难过的样子"，或者"你说那对你没什么影响，但你听起来还是很生气"。另外有一点很重要，和来访者在一起的时候，治疗师要允许自己去感受，自身情绪的反馈要真实（当然，要注意保持合适的治疗中的界限）。

4. 做来访者的镜子

这一点将此前讨论的几个方面都联系在了一起，因为每个方面都包括强化自我认知。这和建立自我同一性不同，我发现经历过情感忽视的来访者大多建立了良好的自我同一性，问题在于他们对自己的同一性不够熟悉。

如上述讨论的那样，经历过情感忽视的人在成长过程中缺少从监护人那儿得到的对他是什么样的人的准确反馈。这让人产生了扭曲或几乎空白的自我认知。前来治疗的成年人难以定义自己想要什么，能做什么，不能做什么，也不知道他们究竟是谁。

在这方面，和经历过情感忽视的来访者直接聊聊父母这面镜子会有所帮助。因为来访者很难看到父母**没有**给到的反馈，那么以父母为镜子这一概念能让他有清晰直观的感受，明白在这方面的确存在着缺失。当来访者明白自己缺失了什么，治疗师就能通过成为来访者的镜子，帮助他弥补缺失的部分。

这意味着治疗师要仔细观察来访者的一切，例如他的偏好、学习方式、认知方式、审美、优点、弱点和交际方式，再以他能接受的方式及时给予反馈。他会在治疗师的眼中看到自己，或从治疗师的观察中更了解自己。无论怎样，他都能慢慢地更加了解自己。

与此同时，确保来访者知道，总体而言，他是拥有好的品质的，这点很重要。他必须从治疗师那里得知，他是可以有缺点和犯错误的，当然也是可以讨厌一些事或者一些人的。他总有别的优势，也有喜欢的人与事。这是一种平衡的自我观察和自尊心，能让他在挑战、失望甚至失败中屹立不倒。

5. 提供平衡而健康的父母之声

经历过情感忽视的人成年后，内心所缺少的最重要的东西之一是一个平衡、整合的内心声音。我们每个人都需要这种声音，在困难的时期开解我们，让我们理解错误并从中学习，某种程度上这就像我们个人的回音板。经历过情感忽视的人在生活中缺失了这样一只稳定情绪的锚，就会无所适从，面对生活的挑战时不堪一击。很多经历过情感忽视的来访者向我诉说这样一种感觉，他们无法控制自己的生活，好像水中浮萍一样，随波逐流，无论漂到哪里，只能尽力而为。还记得第 3 章中的乔什难以选择并投入一个职业，后来因为受到了一点点批评，就立马放弃了老师的工作。同样，第 3 章中的诺埃尔，被自己严厉的内心声音击垮了。乔什和诺埃尔的父母都没能给他们提供任何反馈，没有在他们犯错的时候与他们交谈，给出任何意见，也没能给予他们一个基于现实的平衡的他们能够内化的声音。成年后，面对生活的挑战，他们都无力招架。

因此，在对经历过情感忽视的来访者的治疗中非常重要的一部分就是要给他们提供这样一个平衡的声音。治疗师应该带领着来访者审视一番自己的负面经历，无论是被批评，经历失败或是犯了错。帮助来访者想想事件的起因，该如何去应对，同时大体上保持着富有同情心的立场。每经历一次这样的过程，来访者就有一次机会去学习怎么样用平衡、合理、富有同情心的心态对待这些生活中的情况。这能帮助他不再犯同样的错误，或者在未来遇到挑战时被彻底打败。

6. 抑制住纵容来访者的冲动

为什么我说治疗师可能会有这样的冲动呢？答案和治疗师本身无关，主要是跟经历过情感忽视的来访者有关。正如之前我们已经讨论过的，经历过情感忽视的来访者会在严苛对待自己和完全纵容自己这两个极端之间往复。作为治疗师，我们的目标是中和这两个内在声音，以提供第三种可选择的声音，让来访者能以平衡且关爱的方式对自己负责，这个声音会富有同情心地道出事实。

经历过情感忽视的人，正如被证明经常在两种极端情况下往复，他不仅有一个冷酷无情的内心声音，还特别擅长纵容自己。他会下意识地拉着治疗师不要追究他的责任。在他的意识里，自己只有两个选择：被赦免或被痛斥。这也就不难理解他为何会反复在犯错时选择放纵自己了。并且，经历过情感忽视的来访者多数可能很招人喜爱，治疗师会觉得很难追究他的责任。但如果治疗师发现来访者没有尽自己最大的努力，他必须指出来，例如："我相信你可以做得更好。"当治疗师发现来访者做出了不好的选择，他必须实话实说，协助来访者将问题想清楚。当治疗师发现来访者对自己太放松了，他必须以关切的方式提醒来访者，这样才能中和来访者内心两种极端的声音，创造第三种声音，富有同情心，但坚定且催人奋进的第三种声音。

7. 挑战自我责罚

这是大多数治疗都会涵盖的方面，在对经历过情感忽视的来访者进行治疗时尤为重要。治疗师必须时刻警惕着每一个代表着来访者在责罚自己的信号，无论是词语、面部表情还是微妙的弦外之音。当这些信号出现时，就给了治疗师机会以提醒来访者，让他们意识到内心这种自我摧毁的声音和它造成的破坏。来访者建立起这种自觉意识后，治疗师可以用自我同情部分中那样的文字、平衡和力量去给来访者树立榜样，这样会更加有效。目标是让来访者内化这种声音，这样随着时间推移，这声音会逐渐变为他自己的声音。

给治疗师的建议总结

- 注意细微的迹象。
- 如果你怀疑来访者有情感忽视的问题，请使用诊断工具。
- 在解决显现的问题时，以关切的口吻指出和情感忽视相关的表现。
- 成为来访者建立自我认识的镜子。
- 成为那个平衡、有同情心又催人奋进的声音。
- 不要纵容来访者，但要持续挑战来访者的自我责备和对自己生气的习惯。
- 直面反依赖的问题。
- 欢迎、述说来访者的情绪并建立对情绪的包容。
- 与来访者建立起他和父母所没有的一段细心、关心、基于现实的关系。
- 帮助他建立自我同情和自我关怀。

结　语

我希望我提出的情感忽视的概念可以和其他临床工作者的经验产生共鸣，并且激发研究学者们的兴趣。以下是这一模型的几个可以进行检验的假设：

- 可确认的情感忽视的症状一起出现的频率有多高？
- 该频率是否高到可以表明这几个症状均与一个潜在综合征相关？
- 情感忽视问卷的结果和治疗师对来访者是否具有情感忽视症状的观察，二者的相关性有多大？
- 情感忽视问卷是否具有评分者间的信度和效度？
- 能否通过增加或减少问题，提高情感忽视问卷的信度和效度？
- 治疗师合理使用情感忽视的概念时，治疗效果是否提高了？

这仅是我相信值得进行科学检验的部分问题。我个人对进行这些检验很感兴趣，也希望其他同僚能为之振奋。

我对这本书最大的期望是借它推进情感忽视这一概念的发展，将它从黑暗带到光明。最重要的是，让更多还没有意识到童年缺失的人对自己的问题有清晰的界定，帮助他们认识自己，给他们以慰藉和力量。

情绪词汇表

难过
含泪的
悲伤哀痛的
痛苦的
悲痛的
苦闷的
绝望的
低落的
消极的
不开心的
哀痛的
悲恸的
沉重的
沮丧的

失望的
灰心丧气的
心情沉重的
被鄙视的
心情灰暗的
悲惨的
忧伤的
渴望的
失望的
糟糕的
阴暗的
怅然若失的
心事重重的
有负担的

气馁的
被辜负的
忧郁
不舒服
烦躁不安
沉闷的
阴郁
灰暗
闷闷不乐
死气沉沉
无法解脱
病态的
想自杀的
被诅咒的

糟透的　　　　　留下伤痕　　　　不寻常的
羞愧的　　　　　肮脏的　　　　　黏糊糊的
虚弱的　　　　　糟蹋了的　　　　脾气暴躁的
自我毁灭　　　　被传染的　　　　古怪的
自辱　　　　　　枯萎的　　　　　不恰当的
负罪感　　　　　处于困境　　　　被冷落
不满　　　　　　受损的　　　　　惹眼的
厌恶的　　　　　令人作呕的　　　非主流的
精疲力竭　　　　跛脚的　　　　　腐朽的
令人厌恶　　　　憎恶的　　　　　不满的
卑鄙的　　　　　被毁坏的　　　　**生气**
可恨可恶　　　　畸形的　　　　　厌世的
糟糕的　　　　　被污染的　　　　有点恼火
绝望的　　　　　卑劣的　　　　　被激怒的
生闷气　　　　　**不适**　　　　鄙视的
坏的　　　　　　尴尬的　　　　　暴躁的
怅然若失的　　　窘迫的　　　　　怀恨在心
损伤　　　　坐立不安的　　　烦躁不安
异常的　　　　　心烦意乱的　　　粗鲁的
残废的　　　　　恶心的　　　　　心烦意乱
可憎的　　　　　失衡的　　　　　生闷气的
荒废的　　　　　闷闷不乐的　　　暴怒的
玷污的　　　　　烦躁的　　　　　横冲直撞的

不高兴	义愤填膺	气得冒烟
愤愤不平	被激怒	**无聊**
危险的	惹恼的	单调的
厚颜无耻的	恶心的	百无聊赖的
厌烦的	邪恶的	无趣的
怨恨的	如履薄冰的	枯燥的
好辩的	恼火的	乏味的
虐待的	烦闷的	缺乏挑战的
勃然大怒	使人心烦	平淡无奇的
乖戾的	可恨的	**受伤**
嗜血的	不开心的	刻薄
怀有敌意的	冒犯的	无礼
侮辱的	苦涩的	威胁的
厌恶的	顶撞的	无情的
触怒的	激怒	说大话的
反感的	胆寒的	下流的
大发脾气	憎恶的	危险的
失望的	发怒的	图谋报复的
沮丧的	受挑衅的	冒犯的
令人作呕的	大怒的	恶毒的
麻烦的	坏心眼的	想中伤他人的
脾气坏的	激动的	有恶意的
惊悸的	沸腾的	冷酷的

有控制欲的	被束缚的	悔悟的
施虐的	盲目的	遗憾的
有害的	被击败的	负有责任的
控制的	迷失的	懊悔的
脆弱	破裂的	有罪的
被暴露的	门户洞开的	欺骗的
被欺负	被俘虏的	犯错的
被监禁的	**尴尬**	有错的
渺小的	被羞辱的	有缺点的
易受影响的	羞愧的	孤独的
可牺牲的	笨拙的	被抛弃的
赤裸的	不自在的	逃避社交
不成熟的	受屈辱的	不对等的
纤弱的	尴尬的	缺爱的
低人一等的	傻的	疏远的
虚弱的	不光彩的	被忽视的
无名的	引人注意的	脱离的
弱小的	愚蠢的	渴望的
消逝的	荒谬的	无法融入的
被控制的	**内疚**	无依无靠的
被欺骗的	不值得	生活贫乏的
扎眼的	有责任	被漠视的
敏感的	悔恨的	疏远的

陌生的
孤独凄凉的
回避的
分离的
不被喜欢
被丢弃
孤零零的
孤苦伶仃的
被拒绝的
隔绝的
被驱逐
被遗弃

迷失
群龙无首
漫无目的的
零散的
寻觅的
搁浅的
犯难的

困惑
矛盾的
迷惑的
不能肯定的

冲突的
优柔寡断的
犹豫不决的
有疑虑的
迷失的
不确定的
心神不宁的
不知所措的
紧张的
复杂的
慌乱的
困惑的
糊涂的
不安的
眼花缭乱的
焦虑的
头脑昏昏然的
受阻碍的
头脑混乱的
分心的
怀疑的

惊愕
目瞪口呆的

吓呆的
迫不及待的
吃惊的
受折磨的
受惊的
震惊的
吓得发懵的
刺耳的
大吃一惊
慌乱的
惊呆了
恍惚的
呆若木鸡的
瞠目结舌
惊骇的
肃然起敬

负面
反对的
犹豫的
对立的
反面的
好争吵的
抗拒的

不和谐的
忤逆的
对抗的
顽固不化
桀骜不驯的

疲累
倦怠的
疲倦的
透支的
精力耗尽的
捉襟见肘
精疲力竭的
紧张的
虚弱的
衣冠不整的
干涸的
无精打采的
一瘸一拐的
负荷过重的
匆忙的
厌烦的
受压迫的
筋疲力尽

疲惫不堪
一团乱麻
疲惫的
完蛋的
气馁的
体力耗尽的
被榨干的

恐惧
害怕
身陷困境
走投无路的
颤抖的
可疑的
焦虑的
怀疑的
懦弱的
战栗的
受恐吓的
如履薄冰
惊吓的
战战兢兢的
神经质的
受惊的

被威胁的
吓坏了
恐怖的
震惊的
心神不宁的
不知所措的
惊慌的
担忧的

焦虑
畏缩的
羞怯的
棘手的
难为情的
神经过敏的
焦虑不安的
烦躁不安的
压力大的
提防的
心烦意乱的
担惊受怕的
心事重重
手忙脚乱的
匆忙的

情绪词汇表

难以释怀的	焦头烂额	受磨难
害羞的	被指责	受伤
被压倒	被击溃	被冒犯
颤抖的	被断然拒绝	被拒绝
刺耳的	被残忍对待	被攻击
缺乏安全感的	被暗算	灰心丧气
紧张的	被嘲笑	被折磨
害怕的	极度痛苦	痛苦
易恐慌的	心碎	被剥夺
气馁的	被无礼对待	被痛苦折磨
小心翼翼的	受迫害的	流血
坐立不安的	被遗弃	粉碎
伤痛	被欺骗	被虐待
不被承认的	被贬损	被损害
严惩的	被遗忘	被忽视
视若无物的	被吓倒	被冷落
被挖苦	被忽视	被贬低
搞砸的	被打败	被背叛
被冤枉	被迫害	泄气
被击垮	被压制	**受害**
被打	被压迫	被欺负
被羞辱	被怠慢	被压倒
被压迫	疼痛	被虐待

成为替罪羊	被贬低	没价值的
元气大伤	被咒骂	低人一等的
倒霉的	低劣的	有缺陷的
被蒙蔽	被背叛	衰弱的
窒息的	被剥夺	次等的
被侵犯	被折磨	**无助**
被除名	**不自信**	无能的
被陷害	平庸的	被控制的
被物化	不值得的	被扼杀
被诬陷	不称职的	无力的
被压榨	软弱的	瘫痪的
被公然抨击	无把握的	被束缚的
被阉割	温顺的	被困住的
被控制	不足的	百般阻挠
被诋毁	无能为力的	管得太细
被欺骗	无助的	站不住脚的
被哄骗	下等的	没用的
粉碎	无能的	脆弱的
被骗	没用的	被阻碍的
被吞没	笨拙的	动弹不得的
被丢给了一个烂摊子	拙劣的	无效的
被戴绿帽子	虚弱的	无意义的
被诅咒	可悲的	被强迫的

无望的　　　　厌倦的　　　　欢乐的
哀伤的　　　　漫不经心的　　感激的
悲哀的　　　　冰冷的　　　　节日般的
受控的　　　　感到无趣　　　狂喜的
悲剧似的　　　心不在焉　　　满意的
沮丧的　　　　中立　　　　　雀跃的
犹豫的　　　　疲累　　　　　和煦的
空洞的　　　　寡言少语的　　活泼的
下等的　　　　漠不关心　　　喜洋洋的
疲累的　　　　麻木不仁　　　亢奋的
独自一人的　　不在乎　　　　心情飞上天的
不知所措的　　呆滞的　　　　重要的
冷漠　　　　不经思索的　　走运的
无动于衷　　　**快乐**　　　　棒极了
死气沉沉　　　充满快乐的　　妙趣横生的
空虚　　　　　愉快的　　　　快活的
平淡无奇　　　顺利的　　　　喜悦的
机械的　　　　幸运的　　　　**开放**
死亡　　　　　眼花缭乱的　　善解人意的
不感兴趣的　　兴高采烈　　　就绪的
无情绪的　　　轻松的　　　　自信的
无精打采　　　高兴的　　　　可靠的
平庸的　　　　欣喜若狂的　　和蔼的

接纳的
愿意倾听的
满意的
有同情心的
勇于冒险的
风趣的
无限的
欢欣鼓舞的
感兴趣的
自由的
惊喜的
随和的
乐于加入

活力
爱嬉戏的
无畏的
有活力的
容光焕发的
生气蓬勃的
无拘束的
乐观的
精力充沛的
焕发新生的

刺激的
易冲动的
自由的
欢闹的
生气勃勃的
来电的
受鼓舞的
激动的
绝妙的
苏醒的
五彩斑斓的
壮丽的

好
宁静的
放松的
应得的
平静的
体面的
令人愉快的
放松的
舒服的
高兴的
干净的

极好的
被鼓舞的
惊喜的
非凡的
伶俐的
机灵的
心满意足
安静
明亮
乐意的
放心的
确信的
无疑的

有爱
体贴
钦佩
热忱
投入
被吸引
可爱的
温柔
敏感
关心

挚爱的
爱
情感连接
温暖
感兴趣
专心致志的
爱管闲事的
爱打听的
关心
受影响的
好奇的
着迷的
追根究底的
全神贯注的
一心一意的
好奇的
体贴的
意识到的
富有想象力的
坚强
吃苦耐劳的
顽强的
坚决的

坚定的
有威严的
坚韧的
焕发活力的
勇敢的
独一无二的
有活力的
有勇气的
道德的
有影响力的
好斗的
反抗的
直言不讳的
坚信的
合乎伦理的
确定的
自由的
清楚的
感激的
掌控的
直面的
可靠的
有能力的

有成就的
坚定而自信的
有把握的
能胜任的
有能力的
积极
热情的
兴奋的
热切的
热衷的
认真的
坚决的
渴望的
坚定的
受启发的
受赞扬的
高产的
真诚的
有希望的
接受
合适
可以
足够好

平均水平　　　才华横溢的　　　有同情心的
实用　　　　　通晓的　　　　亲切的
合情合理的　　有决断力的　　奉献的
被照顾　　　清晰的　　　　依恋的
受人钦佩　　　机敏的　　　　忠诚的
养尊处优的　　见多识广的　　慷慨的
受到欣赏　　　洞察力强的　　充满深情的
受到善意帮助　伶牙俐齿的　　负责任
受人尊敬的　　有想象力的　　温暖的
荣幸的　　　　逻辑缜密的　　养育的
感谢　　　　成熟的　　　　令人喜爱的
表示赞赏的　　精明的　　　　善于社交的
感谢的　　　　睿智的　　　　**放松**
感激的　　　　娴熟的　　　　平静
蒙恩的　　　　考虑周全的　　轻松愉快的
欠着的　　　　明智的　　　　睡眼朦胧的
聪明　　　　**关心**　　　　如释重负的
风头正劲　　　仁爱的　　　　冷静的
聪慧　　　　　有爱的　　　　心意已决的
伶俐的　　　　合拍的　　　　**吸引**
精确的　　　　心灵相通的　　迷人的
有头脑的　　　有同理心的　　漂亮的
专心的　　　　无私的　　　　有趣的

花哨的	可爱的	整洁漂亮的
难以抗拒的	美丽的	**穿着考究的**
帅气的	热门的	协调的
美貌的	光彩夺目的	时髦的
合意的	有意思的	温文尔雅的
吸引人的	服饰华丽的	
受欢迎的	性感的	

参考文献

Ainsworth, Mary. "Infant-Mother Attachment and Social Development: Socialization as a Product of Reciprocal Responsiveness to Signals." *The Integration of a Child into a Social World*. London: Cambridge University Press, 1974.

Baumrind, Diana. "Effects of Authoritative Parental Control on Child Behavior." *Child Development* 37.4 (1966): 887-907.

Bowlby, John. *Maternal Care and Mental Health*. Northvale, NJ: J. Aronson, 1995.

Goleman, Daniel. *Emotional Intelligence*. New York: Bantam, 2005.

Isabella, Russell and Jay Belsky. "Interactional Synchrony and the Origins of Infant-Mother Attachments: A Replication Study." *Child Development* 62 (1991): 373-394.

Jacques, Sharon. *Horizontal and Vertical Questioning*. Couples Treatment Seminar, 2002.

Linden, David J. *The Compass of Pleasure: How Our brains Make Fatty Foods, Orgasm, Exercise, Marijuana, Generosity, Vodka, Learning, and Gambling Feel so Good*. New York: Viking, 2011.

McKay, Matthew and Patrick Fanning. *Self-esteem*. Oakland, CA: New Harbinger Publications, 1993.

National Institute of Health. National Institute of Mental Health. *Suicide in the U.S. Statistics and Prevention*. Bethesda, MD: National Institute of Mental Health, 2007.

Pleis, JR, Ward, BW and Lucas, JW. "Summary health statistics for U.S. adults: National Health Interview Survey, 2009." National Center for Health Statistics. Vital Health Stat 10(249). 2010.

Stern, Daniel N. *The Interpersonal World of the Infant: A View from Psychoanalysis and Development Psychology.* New York: Basic, 2000.

Stout, Martha. *The Sociopath Next Door.* New York: Broadway, 2006.

Taylor, Jill Bolte. *My Stroke of Insight: A Brain Scientist's Personal Journey.* New York: Viking, 2008.

Thoreau, Henry David. *Walden.* Ticknor and Fields: Boston, 1854.

Winnicott, D.W. *The Child, the Family, and the Outside World.* New York: Perseus Group, 1992.

原 生 家 庭

《母爱的羁绊》
作者：[美] 卡瑞尔·麦克布莱德 译者：于玲娜

爱来自父母，令人悲哀的是，伤害也往往来自父母，而这爱与伤害，总会被孩子继承下来。
作者找一个独特的角度来考察母女关系中复杂的心理状态，读来平实、温暖却又发人深省，书中列举了大量女儿们的心声，令人心生同情。在帮助读者重塑健康人生的同时，还会起到激励作用。

《不被父母控制的人生：如何建立边界感，重获情感独立》
作者：[美] 琳赛·吉布森 译者：姜帆

已经成年的你，却有这样"情感不成熟的父母"吗？他们情绪极其不稳定，控制孩子的生活，逃避自己的责任，拒绝和疏远孩子……
本书帮助你突破父母的情感包围圈，建立边界感，重获情感独立。豆瓣8.8分高评经典作品《不成熟的父母》作者琳赛重磅新作。

《被忽视的孩子：如何克服童年的情感忽视》
作者：[美] 乔尼丝·韦布 克里斯蒂娜·穆塞洛 译者：王诗溢 李沁芸

"从小吃穿不愁、衣食无忧，我怎么就被父母给忽视了？"美国亚马逊畅销书，深度解读"童年情感忽视"的开创性作品，陪你走出情感真空，与世界重建联结。
本书运用大量案例、练习和技巧，帮助你在自己的生活中看到童年的缺失和伤痕，了解情绪的价值，陪伴你进行自我重建。

《超越原生家庭（原书第4版）》
作者：[美] 罗纳德·理查森 译者：牛振宇

所以，一切都是童年的错吗？全面深入解析原生家庭的心理学经典，全美热销几十万册，已更新至第4版！
本书的目的是揭示原生家庭内部运作机制，帮助你学会应对原生家庭影响的全新方法，摆脱过去原生家庭遗留的问题，从而让你在新家庭中过得更加幸福快乐，让你的下一代更加健康地生活和成长。

《不成熟的父母》
作者：[美] 琳赛·吉布森 译者：魏宁 况辉

有些父母是生理上的父母，心理上的孩子。不成熟父母问题专家琳赛·吉布森博士提供了丰富的真实案例和实用方法，帮助童年受伤的成年人认清自己生活痛苦的源头，发现自己真实的想法和感受，重建自己的性格、关系和生活；也帮助为人父母者审视自己的教养方法，学做更加成熟的家长，给孩子健康快乐的成长环境。

更多>>>

《拥抱你的内在小孩（珍藏版）》 作者：[美] 罗西·马奇-史密斯
《性格的陷阱：如何修补童年形成的性格缺陷》 作者：[美] 杰弗里·E. 杨 珍妮特·S. 克罗斯科
《为什么家庭会生病》 作者：陈发展